LE
Candida albicans
UN SIGNAL D'ALARME

JOELLE JAY, N.D.

LE
Candida albicans
UN SIGNAL D'ALARME

SANTÉ ACTION

☞ *Le but de ce livre est d'informer un public de plus en plus soucieux de prévenir la maladie et non de se substituer aux soins éclairés d'un professionnel de la santé.*

Dépôt légal : premier trimestre 1992
Bibliothèque nationale du Québec

ISBN 2-9802769-0-1

Publication Santé Action
C.P. 35, Place du Parc
Montréal (Québec) H2W 2M9
Tél. : (514) 499-1241

Design du livre : François Denhez-Girard

INTRODUCTION

Le *Candida albicans* est une levure vivant dans le corps humain, qui, dans des conditions particulières, peut se développer et ainsi devenir la cause d'un grand nombre de désordres physiques, mentaux ou émotionnels. Les problèmes causés par le Candida affectent environ 60 % des femmes et 20 % des hommes.

Le Candida peut affecter différentes parties du corps. Cependant, à l'aide d'un programme approprié (régime, suppléments alimentaires, exercice, relaxation et pensées positives), il est possible de rétablir l'équilibre et de vaincre le Candida.

Je pense que ce livre est accessible à tous, c'est-à-dire du professionnel de la santé à la femme au foyer. Il n'est pas destiné seulement à ceux que ce problème touche mais encore à tous ceux qui sont conscients de leur santé et qui sont désireux de la garder.

Vous trouverez dans cet ouvrage une explication très précise du Candida; j'expliquerai son développement, ses différents symptômes et j'indiquerai ce qu'il faut faire pour s'en débarrasser. Je donnerai à ce sujet quelques informations sur le système immunitaire.

J'ai voulu faire prendre conscience de l'importance de notre régime alimentaire et de notre style de vie. Ce sont en effet, des facteurs déterminants pour notre santé ou pour la maladie.

Bien des gens souffrent de fatigue, de léthargie, de maux de tête, de dépression, de problèmes de peau, de problèmes respiratoires, nerveux et digestifs. Il est certain que l'alimentation n'est pas la seule explication de ces malaises. C'est pourquoi j'ai cru bon d'inclure un chapitre sur l'équilibre émotionnel, l'exercice physique et l'oxygénation.

Si votre santé laisse à désirer ou si vous êtes aux prises avec une variété de malaises auxquels vous ne trouvez pas de remèdes, il est possible que le Candida en soit la cause.

Ce livre vous aidera, d'une part, à déceler si le Candida est responsable de vos symptômes et, d'autre part, vous y trouverez les outils nécessaires pour vous aider à vous débarrasser de vos problèmes de santé, à rétablir votre équilibre et à empêcher le Candida de refaire surface.

Ce livre vous aidera à comprendre comment et pourquoi cette levure inoffensive en temps normal, est capable de créer un si grand nombre de problèmes.

CHAPITRE 1

QU'EST CE QUE
LE CANDIDA ALBICANS ?

Il existe plus d'une centaine d'espèces de Candida mais seulement deux de ces espèces sont connues comme nuisibles à la santé de l'être humain : ce sont les levures *Candida albicans* et *Candida tropicalis*. Seule la première a été étudiée à fond.

Les champignons microscopiques du genre Candida appartiennent à la famille des levures. La levure nommée *Candida albicans* se multiplie dans les endroits chauds, humides et sombres. Ainsi nos livres, nos tapis, nos vêtements en hébergent un nombre plus ou moins considérable. Dès lors, ce champignon s'établit sur notre peau, dans notre bouche ou notre oreille externe, formant des colonies dont l'activité demeure le plus souvent imperceptible. Notons que c'est la plus abondante des levures qu'on retrouve dans le foyer d'une infection.

Il est également inévitable que de telles levures viennent se loger à l'intérieur de notre corps, car comme nous le verrons dans ce livre, un grand nombre d'aliments en contiennent ou en facilitent le développement. Ici non plus, on ne doit pas s'inquiéter de l'introduction de *Candida albicans* car, faisant partie de la flore microbienne normale de l'être humain, cette levure se retrouvera dans un milieu déjà peuplé par certaines bactéries avec lesquelles il lui faudra composer. Cette association normale entre levures et bactéries s'appelle la flore microbienne. Cette flore tapisse les muqueuses de nos appareils digestif, respiratoire, urinaire et génital, et son activité nous est bénéfique.

Les méfaits de cette levure sont incompréhensibles si on connaît mal son caractère bien particulier.

PARTICULARITÉS DES LEVURES

1. Toutes les levures se présentent au premier abord sous une forme unicellulaire.

2. On distingue les levures par leur métabolisme particulier : la fermentation, qui consiste à dégrader les sucres en l'absence d'air (fermentation *anaérobique*), avec dégagement de gaz carbonique et formation d'alcool * d'où leur nom générique de Saccharomyces, du grec *sakkharos* « sucre », et *mûkes* « champignon », qui se nourrissent de sucre.

3. Les levures se multiplient comme tous les champignons par la production de spores.

4. Leur mécanisme de reproduction dépend des ressources alimentaires disponibles et, dans un milieu déjà colonisé par les bactéries « amicales » qui constituent la flore microbienne, la multiplication des levures se fait au ralenti.

Certaines levures sont capables de passer d'une forme unicellulaire à la forme mycélienne (expliquée plus loin) lorsque les conditions leur sont favorables... Tel est le cas du *Candida albicans*. Sous la forme mycélienne, le Candida produit d'autres spores dont l'enveloppe plus résistante leur permet de sommeiller en attendant qu'ils puissent se développer.

---

* Voir l'Annexe A : « Le Metei-Sho ».

LA FORME MYCÉLIENNE

Pour comprendre ce qu'est le *Candida albicans*, examinons un premier aspect caractéristique des champignons. Ils ont tous en commun le fait que leurs cellules comportent un noyau type entouré d'une membrane et que cette membrane permet de passer sous une forme mycélienne et ainsi de s'installer dans notre organisme et de causer différents problèmes.

Puisque la levure qui nous intéresse se trouve à cohabiter avec des bactéries, soulignons que ces dernières sont dépourvues d'une telle membrane limitante. C'est pour cette raison qu'un traitement aux antibiotiques, par exemple, peut endommager la flore microbienne : les bactéries utiles pour notre organisme sont affectées tandis que la membrane cellulaire du *Candida albicans* lui permet non seulement de résister mais d'en profiter pour proliférer.

La membrane cellulaire caractéristique du champignon peut donc servir à protéger son noyau et le cytoplasme, substance semi liquide qui entoure le noyau, des agressions provenant du milieu extérieur. Elle permet aussi des échanges entre le milieu extérieur et le cytoplasme. Mentionnons que cette caractéristique est un phénomène qui ne se retrouve que chez les champignons.

La membrane lui permet de se nourrir : en modifiant les propriétés de sa membrane, le champignon laisse s'échapper dans le milieu environnant des enzymes et autres substances capables de dégrader ou décomposer les matières organiques présentes. Quand le besoin se fait sentir, sa membrane pourra se modifier de façon à laisser filtrer vers l'intérieur de la cellule les nutriments ainsi obtenus. En somme, la digestion des champignons se fait à l'extérieur de leur organisme et seuls les éléments nutritifs nécessaires sont ensuite récupérés. Aussi dira-t-on des champignons qu'ils se nourrissent comme un estomac renversé.

Une autre caractéristique de la membrane du Candida consiste à permettre son passage à la forme mycélienne.

Selon les espèces de champignons, en effet, la membrane peut se développer en un réseau plus ou moins serré et différencié de longs filaments, appelés les hyphes. Cette forme de développement en réseaux filamenteux est typique des champignons et s'appelle le mycélium, d'où le terme de forme mycélienne. Le mycélium procure une surface de contact maximale avec le milieu environnant et, dans des conditions idéales, la vitesse de progression des hyphes peut être phénoménale.

On peut se représenter le mycélium comme de minuscules corridors interreliés qui progressent par leur extrémité. Dans ces corridors, le cytoplasme de la cellule peut se déplacer plus ou moins librement. Toutes les parties d'un champignon sont des extensions d'une seule et même membrane cellulaire occupée par un même cytoplasme.

LE MÉCANISME DE LA CANDIDOSE

À l'origine d'une candidose ce n'est jamais la levure elle-même qui est en cause mais bien un dérèglement organique plus profond. Disposant d'une résistance bien particulière, le *Candida albicans* aura survécu à ce déséquilibre. À défaut de traiter le dérèglement à sa source, on subira bientôt les méfaits d'une prolifération apparemment incontrôlable des colonies de *Candida albicans*.

Lorsque l'équilibre règne dans notre organisme, la présence du *Candida albicans* ne peut être que bénéfique : il mène une existence de saprophyte c'est-à-dire qu'il contribue à l'élimination des matières inertes ou en décomposition. Par contre, l'équilibre précaire qui règle son existence sous forme de levure peut être rompu, par exemple lorsque les bactéries de la flore intestinale sont détruites par l'absorption d'antibiotiques. Il modifie alors sa morphologie et l'expansion de ses hyphes lui permet d'envahir nos muqueuses comme s'il s'agissait d'un véritable parasite.

En résumé, c'est lorsque la forme mycélienne du *Candida albicans* envahit nos muqueuses, en particulier celle de l'appareil gastro-intestinal, qu'apparaissent les problèmes qu'on désigne sous l'appellation de candidose :

a) Ses hyphes peuvent s'enraciner dans la muqueuse intestinale et entrer en contact avec le flux sanguin, y laissant les déchets toxiques de sa reproduction.

b) À cause des dommages ainsi causés à la muqueuse intestinale, des protéines non-digérées, alcools ou composés d'ammoniac peuvent passer dans le sang, agissant comme des allergènes.

c) Son mycélium lui-même génère des produits qui sont toxiques (les *mycotoxines*) pour différents systèmes de l'organisme.

Les champignons, entre autres le *Candida albicans*, sont très résistants. Ils peuvent se développer dans un milieu très acide où la plupart des microbes ne pourraient survivre et se multiplier dans un milieu contenant un taux de sucre qui tuerait n'importe quelle bactérie [1].

HISTORIQUE

Les problèmes causés par les levures sont connus depuis l'antiquité. Hippocrate, le père de la médecine, en parlait déjà 400 ans avant Jésus-Christ. Il a signalé la présence de levures comme étant la cause du « muguet », maladie des muqueuses qui apparaît surtout dans la bouche des nouveaux-nés, et comme étant responsable de problèmes intestinaux et cutanés.

Il a fallu longtemps, par contre, pour comprendre comment procédait le *Candida albicans* pour envahir ainsi les tissus de l'organisme et causer la maladie. C'est en 1849, par exemple, que Wilkinson a décrit son rôle dans certaines vaginites.

Finalement, au XXe siècle, avec les progrès de la microbiologie, la découverte de la pénicilline et l'exploration des biotechnologies, on commence à comprendre les relations complexes que nous entretenons avec les champignons microscopiques.

Au cours des années 1970, le docteur C. Orian Truss, un allergiste de l'Alabama, a pu relier le *Candida albicans* à une grande diversité de pathologies communes, démontrant notamment sa capacité d'imiter leurs symptômes.

En 1971, le Japonais K. Iwata a publié les résultats d'une série de travaux sur les toxines générées par le *Candida albicans*.

La dernière décennie a vu se multiplier les témoignages de la communauté médicale : nombre de pathologies réagissent positivement à l'administration de médicaments antifongiques, donc à l'élimination même provisoire de la levure *Candida albicans*. Dans un article paru en 1983 dans le *New England Journal of Medecine*, par exemple, le docteur E.W. Rosenberg de l'université du Tennessee révélait une amélioration à la fois du psoriasis et de l'inflammation du conduit intestinal chez des patients ayant reçu de la nystatine (antifongique) par voie orale.

Chacune de ces révélations vient confirmer la nécessité d'une réflexion sérieuse sur la tournure que nos habitudes alimentaires ont prise au XXe siècle. Consommant systématiquement des produits artificiels, nous recourons en plus à des médicaments dont les effets secondaires ne sont pas encore réévalués à la lumière des découvertes récentes concernant les levures. Plus que jamais, il faut trouver des moyens concrets d'entretenir les défenses naturelles dont nous sommes pourvus pour résister au *Candida albicans*.

CHAPITRE 2

LES CAUSES
DE SON DÉVELOPPEMENT

Les particularités du *Candida albicans* sont bien sûr inquiétantes, mais il est sage de se rappeler que cet être n'est animé d'aucune intention hostile à notre égard. Son ingéniosité lui dicte d'adopter avant tout une forme unicellulaire simple, parfaitement ajustée aux conditions qui prévalent dans un organisme en santé.

Ce simple fait nous servira maintenant d'éclairage car le déséquilibre qui provoque la candidose doit être de nature à désorganiser nos défenses naturelles. Première affectée par un tel déséquilibre, l'activité bénéfique des bactéries lactiques (**La flore bactérienne**) mérite d'être précisée. Nous enchaînerons par une description aussi simple que possible des mécanismes qui nous prémunissent contre de telles agressions (**Le système immunitaire**).

Notre corps est donc normalement équipé pour faire obstacle au développement mycélien du *Candida albicans* et contrecarrer son potentiel d'infection. Par contre, nos habitudes de vie et notre environnement nous exposent à des agents qui viennent perturber et dérégler ces mécanismes (**Facteurs propices à la croissance du Candida**).

A. LA FLORE BACTÉRIENNE

C'est la vitalité d'un groupe particulier de bactéries, les bactéries lactiques, qui définit une flore microbienne normale. Leur nom indique que ces bactéries produisent de l'acide lactique, qui règle le taux d'acidité de nos muqueuses et de notre peau à un niveau intolérable pour la plupart des bactéries pathogènes. La flore bactérienne proprement dite prémunit donc nos tissus contre des infections dont le *Candida albicans* serait le premier à sortir vainqueur.

De plus, nous avons vu que ces bactéries sont très prolifiques. Les colonies qui tapissent la muqueuse intestinale, par exemple, forment une barrière physique qui prévient notamment les risques reliés à une implantation du *Candida albicans* dans la muqueuse elle-même.

Les bactéries lactiques produisent des antibiotiques naturels dont l'acidophiline, le bulgarican et la lactocidine.

L'existence de cette flore bactérienne est donc très importante pour tenir le *Candida albicans* en respect et pour maintenir un état de santé optimal chez tout individu.

B. LE SYSTÈME IMMUNITAIRE

Le système immunitaire est le système de défense de l'organisme. Il pourrait être comparé à la police du corps. Il empêche les intrus fauteurs de troubles (virus, bactéries, Candida, etc.) de venir faire leurs ravages dans notre corps et de provoquer la maladie. C'est lui qui nous protège contre la grippe, les infections, les allergies et même contre le cancer.

Pour pouvoir comprendre comment un système immunitaire déréglé peu encourager la prolifération du Candida, faisons un peu de physiologie *.

---

* La partie qui suit est un peu technique mais importante pour saisir le fonctionnement du système immunitaire. Par contre, le lecteur pourra sauter au chapitre suivant et continuer la lecture sans trop d'inconvénient et revenir plus tard au présent chapitre.

Les mécanismes qui procurent à l'organisme sa capacité de repousser la maladie — sa résistance — se classent en deux groupes : la résistance non spécifique et la résistance spécifique ou l'immunité.

LA RÉSISTANCE NON SPÉCIFIQUE

Elle est héréditaire, elle réagit contre n'importe quelle attaque, d'où le terme « non spécifique ».

FACTEURS MÉCANIQUES ET CHIMIQUES

La peau et les muqueuses de l'organisme sont considérées comme la première ligne de défense. Leurs cellules, très compactes, forment ce qu'on appelle le tissu épithélial, qui oppose une barrière physique à l'entrée des microbes * ou autres envahisseurs. On retrouve les muqueuses dans le tube digestif, le nez, la bouche, les voies respiratoires et urinaires de même que l'appareil reproducteur.

Les muqueuses sécrètent un liquide visqueux, le mucus, qui les protège des substances toxiques ou irritantes et qui emprisonne les microbes pour qu'ils soient ensuite expulsés du corps.

Les poils du nez filtrent l'air, empêchant les microbes, poussières et polluants de pénétrer, tandis que les poils des voies respiratoires favorisent leur élimination. Enfin les larmes, la salive, la sueur, l'urine, le sébum, etc., ont tous des vertus de protection de l'organisme contre les agressions extérieures.

SUBSTANCES ANTIMICROBIENNES

En plus de la barrière immunitaire que créent la peau et les muqueuses, toujours dans le but de se protéger des agressions, l'organisme produit des substances antimicrobiennes : l'interféron, le complément et la properdine.

---

* Lorsque j'emploie le mot *microbe* dans cet ouvrage, j'entends par là tout corps étranger.

Ce sont des protéines fabriquées par les globules blancs. Les globules blancs ont tous une fonction commune, celle de défendre l'organisme contre les agents pathogènes (virus, bactéries, Candida, etc.). Ils portent toutefois des noms distincts selon leur morphologie, comme on le verra.

1° L'interféron. — Lors d'une infection virale, cette protéine va se fixer sur des récepteurs des cellules saines pour les avertir qu'il y a un danger.

2° Le complément. — Son nom vient du fait qu'il complète des réactions immunitaires, dans la résistance non spécifique aussi bien que spécifique. C'est un ensemble de onze protéines qui flotte dans le sang et la lymphe. Son rôle est de se fixer à la surface des corps étrangers et de les détruire.

3° La properdine. — Ce composé de trois protéines contenu dans le sang et la lymphe agit de concert avec le complément, dont les fonctions sont presque les mêmes ; on la classe à part parce que ses molécules sont différentes.

La phagocytose

Parfois certains petits microbes ont pu déjouer l'interféron, le complément ou la properdine. Alors ils devront faire face à un autre mécanisme de défense qu'on appelle la phagocytose (de *phagein* « manger », et *kutos* « cellule »).

Ce processus d'ingestion et de destruction des microbes (la phagocytose) est possible grâce à certains globules blancs qu'on appelle les phagocytes. Ils se divisent en deux catégories : les microphages et les macrophages.

1° Les microphages. — Comprennent les granulocytes, les neutrophiles (qui sont plus importants), les éosinophiles et les basophiles. Les microphages migrent vers le foyer d'infection aussitôt qu'une infection se produit.

2° Les macrophages. — Certains se promènent dans le sang et nagent vers le foyer d'infection, on les appelle macrophages libres. D'autres pénètrent dans tous les tissus du corps, s'y installent et attendent que leurs services soient requis. On les appelle macrophages fixes. Les macrophages ont une plus grande capacité de phagocytose que les microphages.

Dans les deux cas, leur rôle consiste à détruire les intrus par phagocytose. Voyons comment un phagocyte fait face à un intrus.

Les phagocytes possèdent une membrane rugueuse sur laquelle les microbes se fixent solidement. Les microbes ont une surface plus rugueuse que les cellules saines, ce qui permet au phagocyte de les distinguer et de s'y fixer plus facilement. De plus, les microbes et les matières étrangères ou dégénérées possèdent une charge électronique beaucoup plus forte, qui attire les phagocytes.

Une fois que le phagocyte a capté un microbe, il l'entoure de ses longues pattes appelées pseudopodes, sa membrane formant alors un genre de sac dans lequel le microbe est emprisonné. Ce petit sac se détache de la membrane et se retrouve au sein de la cellule du phagocyte, où les lysosomes (système digestif de la cellule) détruisent tous les microbes en moins de 10 à 30 minutes. Les résidus de cette digestion et les particules indigestes sont ensuite versés dans le liquide interstitiel, vers la lymphe, pour être éliminés par les selles et l'urine.

L'INFLAMMATION

L'inflammation exerce un rôle important dans le mécanisme de défense car elle tente de neutraliser et détruire les agents toxiques, de prévenir leur propagation et la destruction des tissus.

L'inflammation est caractérisée par quatre symptômes classiques :

– la rougeur ;
– la douleur ;
– la chaleur ;
– la tuméfaction (œdème).

Il y a inflammation lorsque les cellules sont lésées. Ces cellules vont libérer certaines substances chimiques — l'histamine, les kinines, les prostaglandines — et provoquer de la vasodilatation, augmenter la perméabilité des capillaires locaux, libérer plus de nutriments et favoriser la formation de fibrine. Ce sont en fait les mécanismes normaux déclenchés lors de l'inflammation.

Pour ce faire, l'inflammation requiert beaucoup de nutriments et épuise les réserves de l'organisme. La nutrition y joue donc un rôle essentiel.

L'IMMUNITÉ OU LA RÉSISTANCE SPÉCIFIQUE

L'immunité implique la production d'anticorps spécifiques pour détruire des antigènes donnés.

Qu'est-ce qu'un antigène ? C'est une substance que le corps reconnaît comme étrangère et qui déclenche la production d'un anticorps spécifique qui réagit contre elle : il y a un anticorps précis pour un antigène précis.

Qu'est-ce qu'un anticorps ? C'est une protéine produite par l'organisme en réponse à un antigène précis et qui ne peut se combiner qu'avec cet antigène.

Les anticorps font partie d'un groupe de protéines appelées les immunoglobulines (Ig), qui se divisent en cinq classes :

– IgG : favorise la phagocytose ;
– IgA : protège les muqueuses ;
– IgM : assure agglutination et lyse (destruction par l'action d'agents physiques, chimiques et biologiques) des microbes ;
– IgD : stimule les cellules protectrices ;
– IgE : intervient dans les réactions allergiques.

LYMPHOCYTES ET MACROPHAGE

Comme nous le verrons, la résistance spécifique peut se faire de deux façons : l'immunité cellulaire et l'immunité humorale. Dans les deux cas, ce sera un autre type de globules blancs, les lymphocytes, qu'on verra à l'œuvre. Les lymphocytes proviennent de la moelle osseuse et se fixent surtout dans les tissus lymphoïdes comme le thymus, les lymphatiques, la rate et l'intestin. Il existe deux types de lymphocytes : les T et les B.

Les lymphocytes T interviennent dans l'immunité cellulaire et vont acquérir leur maturité dans le thymus, d'où leur nom T. L'immunité cellulaire agit surtout contre les champignons, les parasites, les infections virales intra-cellulaires, les cellules cancéreuses et les greffes d'organes.

Les lymphocytes B interviennent dans l'immunité humorale et vont acquérir leur maturité dans la moelle osseuse, le foie, la rate, l'intestin. Leur nom provient de ce que chez les oiseaux, ils se transforment dans la *boursa de Fabricus*, qui est un petit sac de tissus lymphoïdes attaché à l'intestin. L'immunité humorale agit surtout dans les infections virales et bactériennes et nécessite la formation d'anticorps.

Le rôle immunitaire des lymphocytes T et B nécessite la présence d'une troisième cellule : le macrophage, dont nous avons déjà parlé. Son rôle est de capter l'antigène et de le présenter aux lymphocytes. En contact avec l'antigène, le macrophage sécrète une puissante protéine, l'interleukine 1 qui déclenche la prolifération des lymphocytes T et B. En d'autres mots, elle réveille les lymphocytes T et B pour les aviser qu'ils ont du boulot. En revanche, les lymphocytes T et B étant sollicités, ils stimulent la production des macro-phages, qui sécrètent d'autre interleukine 1 et ainsi de suite, jusqu'à ce que l'antigène soit vaincu.

L'IMMUNITÉ CELLULAIRE

Il y a des millions de lymphocytes T. Lorsqu'ils sont sensibilisés par l'antigène, ils se dilatent, enflent, augmentent de volume pour se diviser en plusieurs petites cellules semblables :

1° Les cellules tueuses naturelles N-K. — Elles détruisent directement les agresseurs par divers processus et sont efficaces contre les bactéries, les virus, les champignons, les cellules cancéreuses et les transplants d'organes.

2° Les cellules T-auxiliaires. — Elles avertissent les lymphocytes B d'un besoin d'anticorps et sécrètent une protéine, l'interleukine 2, qui stimule les cellules N-K, déclenche l'inflammation et l'action destructive des macrophages.

3° Les cellules T-suppresseurs. — Elles atténuent les processus immunitaires lorsque l'agression est vaincue. Il y a normalement deux fois plus de cellules T-auxiliaires que de cellules T-suppresseurs mais l'inverse se produit lorsque les cellules T-suppresseurs sont sollicitées.

4° Les cellules T-d'hypersensibilité. — Elles activent les microphages et jouent un rôle dans les réactions d'hypersensibilité (allergies).

5° Les cellules T-amplificateurs. — Elles augmentent le nombre de cellules T-auxiliaires, T-suppresseurs et des lymphocytes B.

6° Les cellules T-mémoire. — Elles gardent en mémoire les agents pathogènes de façon à assurer une réaction immédiate lors d'une deuxième agression.

L'IMMUNITÉ HUMORALE

Les lymphocytes B produisent des anticorps spécifiques qui circulent dans la lymphe et le sang. Ils sont avertis de la présence d'antigènes par les macrophages et par l'inter-leukine 1.

Lorsque les lymphocytes B sont sensibilisés, ils se dilatent et se différencient en deux types de cellules :

 – Les plasmocytes qui sécrètent des anticorps, au rythme d'environ 2 000 à la seconde ;

– les lymphocytes B-mémoire (prêts pour de futures rencontres dans le cas où les antigènes combattus pénètrent de nouveau dans l'organisme).

Les anticorps ont des sites récepteurs avec lesquels l'antigène peut se combiner. Il n'y a qu'un anticorps pour un antigène. Ils forment ensemble un complexe anticorps/antigène. C'est à ce moment qu'entre en jeu le complément, cette substance anti-microbienne mentionnée en parlant de la résistance non spécifique. Le complément se fixe à la surface du microbe et le détruit de quatre façons différentes :

1° En détruisant la membrane plasmique ;

2° En se fixant sur la membrane, favorisant la production de macrophages ;

3° En provoquant des réactions inflammatoires ;

4° En déclenchant carrément la phagocytose.

Après cette explication, on peut comprendre que sans système immunitaire, on ne pourrait vivre un seul jour... C'est lui qui nous protège des infections provoquées par les bactéries, microbes, virus, champignons, et qui atténue l'effet des polluants, drogues, métaux lourds, rayons-X, etc. Les allergies, le SIDA, le cancer et d'autres pathologies sont dus à un dérèglement ou affaiblissement du système immunitaire.

Chaque être humain possède cette capacité de se protéger de toutes ces attaques. La santé radiante ne sera jamais possible tant et aussi longtemps que notre système immunitaire sera affaibli. PRENONS-EN SOIN !

C. LES CONDITIONS PROPICES À LA CROISSANCE DU CANDIDA

Voyons maintenant les conditions qui laissent le champ libre à des agents capables d'affaiblir nos défenses naturelles. La vulnérabilité qui en résulte constitue le facteur principal de la candidose.

L'ALIMENTATION DU XXᴱ SIÈCLE

Par souci de commodité, nous adoptons des habitudes alimentaires qui nous rendent vulnérables au *Candida albicans*. Plusieurs des conditions qui lui sont propices proviennent d'une alimentation qui est, tout à la fois

- riche en sucre, en levures, en produits raffinés ;
- remplie d'additifs, d'agents de conservation et de colorants ;
- déficiente en éléments nutritifs (pain blanc, plats préparés et *Fast Food*).

LE RECOURS AUX ANTIBIOTIQUES

Les antibiotiques à spectre large sont conçus pour tuer les bactéries, les mauvaises aussi bien que les bonnes, malheureusement. Les bactéries du système digestif sont les premières affectées et notre organisme se trouve alors privé de sa première ligne de défense pour freiner la prolifération du *Candida albicans*.

De plus, nous avons vu que les levures ne sont pas éliminées par les antibiotiques, qui se trouvent, au contraire, à favoriser leur multiplication. L'apparition de problèmes reliés au *Candida albicans* a été très spectaculaire depuis l'utilisation d'antibiotiques tels que la pénicilline, la tétracycline et le triméthoprime, pour n'en nommer que quelques-uns [2].

LES ANTI-INFLAMMATOIRES
DU GENRE CORTICOÏDES

Ces médicaments, par exemple la cortisone, diminuent l'inflammation en empêchant la libération d'histamine et en réduisant la phagocytose. Or, on connaît l'importance de ces deux mécanismes de défense de l'organisme : l'inflammation détruit les agents toxiques et empêche leur propagation et la phagocytose capte et détruit les corps étrangers.

L'usage à long terme des corticoïdes entraîne l'atrophie du thymus (site de maturation des lymphocytes T du système immunitaire) et celle d'autres tissus lymphoïdes comme la rate et les ganglions lymphatiques, ce qui réduit considérablement les réactions immunitaires.

LES ANOVULANTS

Les pilules contraceptives font partie de la famille des stéroïdes et sont fabriquées à base d'œstrogène et de progestérone. On verra plus loin qu'un débalancement dans les taux de ces deux hormones a pour effet de faciliter la croissance du Candida.

LES CHANGEMENTS HORMONAUX

Pour la même raison, les changements hormonaux qui se produisent lors des menstruations et des grossesses contribuent au fait que les femmes sont plus souvent affectées par la candidose.

LES POLLUANTS ENVIRONNEMENTAUX

Nous avons vu que la résistance entraîne une dépense énergétique considérable. Les réserves utiles dont notre organisme dispose sont vite épuisées lorsque nous vivons dans un milieu favorable aux levures et moisissures (isolation des résidences, tours à bureaux, etc.). En même temps, notre corps doit réagir à un nombre croissant de produits chimiques, parfums, etc., en suspension dans l'air que nous respirons ou absorbés directement lors de l'usage du tabac ou de l'alcool.

L'IRRADIATION

Plusieurs sources de radiation auxquelles nous sommes exposés peuvent aussi contribuer à la croissance du *Candida albicans*. Ces radiations peuvent causer une incapacité des macrophages à phagocyter [3].

LE STRESS

Mentionnons simplement l'effet d'une multiplication des agents de stress sur les surrénales, puisque nous préciserons plus loin en quoi ceci engendre des conditions propices au développement du *Candida albicans*.

En réalité, la prolifération du *Candida albicans* résulte de l'action combinée de plusieurs de ces facteurs dans notre vie quotidienne. En relisant rapidement la liste qui précède, on constate qu'il est hélas plausible qu'une personne s'expose simultanément à toutes ces agressions et permette au Candida de proliférer et altérer notre santé. Nous verrons à partir du Chapitre 4 qu'il existe des moyens tangibles d'intervenir et de remédier à l'altération potentielle de notre santé.

CHAPITRE 3

LES SYMPTÔMES DE LA CANDIDOSE

Le *Candida albicans* est inoffensif pourvu qu'il cohabite avec une flore bactérienne normale. Les méfaits dont il devient responsable sont en quelque sorte accidentels puisqu'ils résultent de lésions éventuellement causées par ses filaments lorsqu'il lui est permis de se transformer, dans un effort pour survivre à une situation déjà anormale de notre organisme. Donc, il ne s'« attrape » pas et ne se manifeste pas toujours de façon évidente.

On reconnaît la candidose par une accumulation de symptômes souvent simultanés. Diverses substances étrangères peuvent s'être ajoutées aux toxines du Candida mises en contact avec le flux sanguin. Différents systèmes de notre organisme peuvent avoir été affectés et de façon variable d'un cas à l'autre. Pour bien comprendre l'impact de la candidose, il faut avoir cette diversité présente à l'esprit (**Vue d'ensemble**). Le lecteur se livrera ensuite à l'exercice de dépistage plus précis qui lui est proposé ici (**Questionnaire**).

VUE D'ENSEMBLE

DÉSORDRES DU SYSTÈME NERVEUX

- maux de tête
- étourdissements
- difficulté à se concentrer
- dépressions
- anxiété
- engourdissements
- fatigue extrême
- faiblesse
- pertes de mémoire.
- sensation d'être perdu ou ailleurs
- changements d'humeur
- manque de coordination
- irritabilité
- pleurs soudains ou fréquents sans raison apparente

PROBLÈMES D'ORDRE RESPIRATOIRE

- asthme
- respiration difficile ou impression de manquer d'air
- rhinites
- congestions nasales ou écoulements nasaux fréquents, ainsi qu'une sensation de serrement à la poitrine

TROUBLES GASTRO-INTESTINAUX

- constipation
- diarrhée
- douleurs abdominales
- indigestions
- gaz et ballonnements

PROBLÈMES DE L'APPAREIL GÉNITAL

- symptômes prémenstruels
- règles irrégulières
- diminution de l'appétit sexuel
- infections vaginales à répétition
- douleurs ou brûlements vaginaux
- infertilité
- chez les hommes : impotence et troubles de la prostate
- infections urinaires fréquentes ou sensation de brûlure à la miction

TROUBLES MUSCULAIRES ET ARTICULAIRES

- faiblesse musculaire
- enflure et douleur aux muscles et aux jointures

PROBLÈMES DE LA PEAU

- urticaire
- eczéma
- pied d'athlète
- infections à champignons sous les ongles
- muguet
- éruptions cutanées
- démangeaisons anales, du scrotum, de l'aine ou du pénis

QUESTIONNAIRE

Voici un questionnaire * qui vous aidera à déterminer si vous souffrez ou non de candidose.

Le fait de répondre à ces questions et de compter les points vous aidera à évaluer le rôle du *Candida albicans* dans vos problèmes de santé. Mais vous n'obtiendrez pas une réponse tout à fait positive ou négative.

Pour chaque réponse positive dans la Section A, encerclez les points correspondants. Additionnez vos points et notez-les dans la case à la fin de la section. Passez ensuite aux Sections B et C, et notez les points tel qu'indiqué.

Additionnez tous vos points pour obtenir le grand total.

SECTION A — HISTORIQUE :   POINTS

1.	Avez-vous déjà pris pendant 1 mois ou plus de la tétracycline (Achromycin®, Apo®-tetra, Viramycin®, Minocin®, etc.) ou autres antibiotiques pour l'acné ?	35
2.	Au cours de votre vie, avez-vous déjà pris d'autres antibiotiques « à spectre large » **, pour des infections respiratoires, urinaires ou autres (pendant 2 mois ou plus ou à raison de 4 courtes séries ou plus dans une même année) ?	35
3.	Avez-vous déjà pris un antibiotique à spectre large **, même pour une courte période de temps ?	6
4.	Dans votre vie avez-vous déjà souffert de prostatite chronique, de vaginite ou autres problèmes affectant les organes génitaux ?	25

➡

* Source : *Dr. Crook Discusses Yeasts and How They Can Make You Sick*, par William G. Crook, M.D., Professional books, Jackson (Tenessee), 1986.

** Incluant Keflex®, ampicilline, amoxicilline, Ceclor®, Bactrim® et Septra®; ces antibiotiques tuent les bonnes bactéries en même temps que les bactéries causant les infections.

5.   Avez-vous été enceinte

     •   2 fois ou plus ?   5

     •   1 fois ?   3

6.   Avez-vous pris la pilule anticonceptionnelle

     •   pendant plus de 2 ans ?   15

     •   de 6 mois à 2 ans ?   8

7.   Avez-vous pris de la prednisone, du Decadron®,
ou autre médicament de type cortisone

     •   pendant plus de 2 semaines ?   15

     •   pendant 2 semaines ou moins ?   6

8.   Est-ce que la présence de parfums,
insecticides, odeurs de textiles et autres
produits chimiques provoquent

     •   des symptômes moyens ou forts ?   20

     •   des symptômes légers ?   5

9.   Est-ce que vos malaises empirent
les jours gris et humides ou dans les
endroits où il y a des moisissures ?   20

10.   Avez-vous eu le « pied d'athlète », ou autres
infections fongiques chroniques de la peau
ou des ongles ? Ces infections ont-elles été

     •   étendues ou persistantes ?   20

     •   légères ou modérées ?   10

11.   Ressentez-vous un besoin intense
de manger du sucre ?   10

12.   Ressentez-vous un besoin intense
de manger du pain ?   10

13.   De boire des boissons alcoolisées ?   10

14.   Est-ce que la fumée de tabac
vous incommode beaucoup ?   10

Total des points, section A :

SECTION B — SYMPTÔMES PRINCIPAUX

Pour chacun de vos symptômes, notez à droite le nombre de points qui décrit le mieux votre expérience de ce symptôme :

- occasionnel ou léger : 3 points
- fréquent et / ou
  moyennement prononcé : 6 points
- très prononcé et / ou
  diminue mes capacités : 9 points

Faites le total des points et notez-le dans la case placée à la fin de la section B.

SYMPTÔME	POINTS
1. Fatigue ou léthargie	
2. Sentiment d'être « vidé »	
3. Mémoire défaillante	
4. Sentiment d'être perdu « dans les nuages » ou d'être absent	
5. Dépression	
6. Difficulté à prendre des décisions	
7. Engourdissement, brûlements, picotements	
8. Muscles douloureux ou faibles	
9. Douleurs et / ou gonflement des articulations	
10. Douleurs abdominales	
11. Constipation	
12. Diarrhée	
13. Ballonnements, renvois, gaz intestinaux	
14. Brûlures, démangeaisons ou pertes vaginales gênantes	
15. Échauffements et démangeaisons vaginales persistantes	

16. Infection de la prostate

17. Impuissance

18. Perte d'intérêt ou de réactions sexuelles

19. Endométriose ou infertilité

20. Crampes et/ou
    autres irrégularités menstruelles

21. Tensions pré-menstruelles

22. Crise d'anxiété ou de larmes

23. Pieds ou mains froids et/ou frilosité

24. Tremblements ou irritabilité quand on a faim

Total des points, section B :

SECTION C — AUTRES SYMPTÔMES*

Pour chacun de vos symptômes, notez à droite le nombre de points qui décrit le mieux votre expérience de ce symptôme :

- occasionnel ou léger :   **1** point
- fréquent et/ou
    moyennement prononcé :   **2** points
- très prononcé et/ou
    diminue mes capacités :   **3** points

Faites le total des points et notez-le dans la case placée à la fin de la section C.

SYMPTÔME   POINTS

1. Étourdissements

2. Irritabilité ou instabilité

3. Manque de coordination

---

* Communs chez les personnes atteintes de candidose, ces symptômes peuvent aussi affecter d'autres personnes.

4. Difficulté à se concentrer

5. Changements d'humeur fréquents

6. Maux de tête

7. Étourdissements, perte d'équilibre

8. Pression au-dessus des oreilles,
sentiment que la tête enfle

9. Tendance à faire des bleus

10. Irritations ou démangeaisons
chroniques de la peau

11. Engourdissements, picotements

12. Indigestions ou brûlures d'estomac

13. Grande sensibilité ou intolérance alimentaire

14. Mucus dans les selles

15. Démangeaisons rectales

16. Bouche ou gorge sèches

17. Démangeaisons ou ulcération dans la bouche

18. Mauvaise haleine

19. Mauvaise odeur des pieds, du corps
ou du cuir chevelu qui ne part pas au lavage

20. Congestion nasale et écoulement post-nasal

21. Démangeaison nasale

22. Mal de gorge

23. Laryngite, extinction de voix

24. Toux, bronchite récidivante

25. Douleur ou oppression dans la poitrine

26. Respiration bruyante ou manque de souffle

27. Besoin d'uriner fréquent ou soudain

28. Brûlement quand on urine

29.　Des points devant les yeux ou une vue capricieuse

30.　Les yeux qui chauffent ou sont larmoyants

31.　Infections chroniques ou liquides dans les oreilles

32.　Maux d'oreilles ou surdité

Total des points, section C :

Total section A :	points
Total section B :	points
Total section C :	points
GRAND TOTAL :	**points**

Le grand total des points vous aidera ainsi que votre médecin à déterminer si vos malaises peuvent être reliés à un problème de levure.

Les femmes marquent plus de points que les hommes car sept de ces questions ne s'appliquent qu'aux femmes, tandis que deux seulement ne s'appliquent qu'aux hommes.

Les problèmes de levure sont

- *presque toujours présents* chez les femmes qui ont un pointage supérieur à 180 et chez les hommes qui ont un total supérieur à 140.

- *probablements présents* chez les femmes qui ont un total supérieur à 120 et chez les hommes qui ont un total supérieur à 90.

- *possibles* chez les femmes qui ont un total supérieur à 60 et chez les hommes qui ont un total supérieur à 40.

Dans le cas d'un total inférieur à 60 chez les femmes et à 40 chez les hommes, il est rare que la levure soit en cause.

CHAPITRE 4

CONTRÔLER LE CANDIDA

Quand on identifie le *Candida albicans* comme la source réelle de nos problèmes, qu'est-ce qu'on peut faire ? On s'attaquera dès le départ à un changement de nos habitudes alimentaires (**Affamer la levure**), condition essentielle au succès de la reconstitution d'une flore bactérienne équilibrée (**Refaire la flore bactérienne**). On se souviendra que d'autres facteurs sont à l'œuvre dans la candidose, mais cela justifie qu'on entreprenne un renforcement de nos défenses naturelles (**Renforcer notre système immunitaire**). Il ne peut y avoir d'éradication durable de la forme mycélienne du *Candida albicans* sans ces trois étapes fondamentales.

Si on ne se soustrait pas aux agents du stress qu'on subit, on s'expose à une récidive (**Résoudre le stress**). Souvent, il faudra parvenir à redresser le taux d'acidité de notre organisme (**Rétablir l'équilibre acido-basique**). Des indications complémentaires à ces deux démarches se trouvent au Chapitre 5. Au Chapitre 6, on verra qu'il faut souvent traiter conjointement la candidose et d'autres pathologies.

Enfin, rappelons que le *Candida albicans* assure sa progéniture en produisant des spores très résistantes. Il ne faut donc pas s'en remettre seulement aux médicaments antifongiques (**Détruire le Candida**) pour contrôler le développement de cette levure.

A. AFFAMER LA LEVURE

Il faut affamer le *Candida albicans* en supprimant de notre alimentation tout ce qui favorise sa croissance. On s'inspirera des **tableaux** des pages suivantes.

Premièrement, éliminer toutes les substances essentielles à son mode de nutrition particulier : le sucre sous toutes ses formes et les matières rendues plus ou moins inertes dans les aliments raffinés (la farine blanche, le pain blanc, etc.).

Deuxièmement, il faut exclure les aliments contenant des additifs alimentaires, colorants, agents de conservation ; plusieurs de ces substances entretiennent des conditions propices au développement mycélien : enflure de la muqueuse gastro-intestinale, dépression de la résistance immunitaire, etc. (*Voir l'Annexes B.*) On évitera plus que jamais tous les aliments auxquels on se sait allergique.

On évitera tous les aliments dont le caractère allergène est connu, quitte à les réintroduire petit à petit pour préciser notre tolérance à leur égard : c'est le cas des céréales et farines entières, des levures alimentaires et des aliments qui véhiculent des levures en suspension ou des moisissures. Voici quelques détails additionnels sur ces aliments :

- Le blé, l'avoine, le seigle et l'orge sont riches en *gluten*, substance faite à environ 81 % de protéines et qui permet à la pâte de lever lors de la fabrication du pain. Le gluten n'est pas toléré chez les individus souffrant de la maladie coéliaque. De plus, ceux qui tolèrent mal le sucre souffrent souvent aussi d'intolérance à l'*amidon* de ces céréales.

- Plusieurs levures sont présentes dans les *produits fermentés* comme le vinaigre, la bière d'épinette, le tamari, le miso et les marinades (Ketchup, moutarde, relish, etc.) et dans les *boissons alcoolisées* comme le vin, la bière, etc.

LISTE D'ALIMENTS À ÉVITER

Tous les sucres simples et les aliments qui en contiennent : le sucre blanc, brun, le miel, le sirop d'érable, de maïs, de malt ou de riz, la mélasse, les fruits en jus ou séchés, etc.

Le riz blanc, la farine blanche et tout ce qui en contient : pain blanc, pâtisseries, gâteaux, biscuits, pâtes alimentaires raffinées.

Les levures actives, alimentaires ou autres : pain à la levure, pâtisserie, certains biscuits, craquelins, mélanges préparés en enveloppe ou en boîte, certains suppléments alimentaires, etc.

☞ Lisez bien les étiquettes.

Les produits laitiers : lait, fromage, yogourt, crème sure, etc.

Les produits transformés (*process foods*) : préparations de fromage fondu à tartiner ou en tranches, etc.

Tous les produits alcoolisés : bière, vin, etc.

Les produits fermentés ou contenant du vinaigre : ketchup, moutarde, relish, mayonnaise, vinaigrettes commerciales, marinades, miso, tamari, choucroute, etc.

Les champignons, les autres moisissures, dont les tisanes vieillies, ainsi que les restes de frigo de plus de deux jours.

Les arachides, les noix de grenoble et les pistaches.

Les charcuteries : viandes fumées, hot dog, salami, etc.

Les produits contenant de la caféine : café, thé, cola, chocolat.

☞ Certains médicaments en contiennent aussi, osez poser des questions.

Les aliments auxquels vous êtes allergique.

Tous les aliments contenant des additifs, des préservatifs et des colorants.

☞ Souvent, la présence de ces substances n'est pas précisée. Elles n'en restent pas moins très nocives.

LISTE D'ALIMENTS À CONSOMMER

Tous les légumes : ail, artichaut, asperge, aubergine, avocat, brocoli, chou rouge et vert, chou de bruxelles, chou-fleur, céleri, citrouille, concombre, courge, cresson, échalotte, endive, épinard, les germinations, haricot jaune et vert, igname, laitue, maïs, navet, oignon, okra, panais, patate sucrée, persil, poireau, pois frais, pois mange-tout, poivron, pomme de terre, radis, etc.

☛ Les *carottes* et les *betteraves* devront être consommées avec modération à cause de leur haute teneur en sucre.

Les légumineuses : toutes les fèves (lima, rouge, noire, aduki, etc.), les lentilles, les pois jaunes, les pois concassés, etc.

☛ Le *soya* est un allergène très commun, allez-y avec prudence.

Les céréales complètes : le riz brun, le millet, l'orge, l'avoine, le sarrazin, le quinoa et l'amarranthe.

Les viandes : poissons, volailles, fruits de mer, veau, agneau, viandes sauvages.

☛ Le *bœuf* contient beaucoup d'hormones, à consommer le moins possible.

Les œufs et le beurre.

Les graines de citrouille, de sésame, de tournesol, etc.

Les noix : toutes sauf les arachides, les noix de grenoble et les pistaches.

Les pâtes alimentaires à base de grains entiers pourront être incluses dans l'alimentation.

Les huiles de première pression à froid.

Le pain au levain pourra être toléré par certains.

- Des moisissures se développent sur la nourriture durant les procédés de *séchage, fumage, salage et fermentation* : le bacon, le jambon, les viandes fumées, les hot dogs, les fruits séchés et le fromage bleu surtout.

- Les pistaches, les arachides, les tisanes vieillies, les épices et les champignons comestibles véhiculent aussi des *moisissures.*

- La *caféine* est un antagoniste des bonnes bactéries présentes dans la flore microbienne et il faut donc éviter les aliments qui en contiennent [4].

B. REFAIRE LA FLORE BACTÉRIENNE

Il faut reconstituer la flore bactérienne, car on a vu que sa destruction laisse le champ libre au développement du Candida. C'est pourquoi le fait de se débarrasser de la levure sans refaire la flore, c'est s'occuper des symptômes sans tenir compte de leur cause. Dans ce cas, la candidose réapparaîtra à la première occasion.

Comment faire pour rebâtir une flore bactérienne ? Avec un supplément de bactéries lactiques. Les bactéries lactiques sont normalement présentes sur la peau, les muqueuses et dans le tube digestif. Elles ont d'innombrables fonctions, notamment celle de protéger l'organisme contre les bactéries pathogènes.

Les bactéries lactiques les plus actives sont : le *Lactobacillus acidophilus*, le *L. bifidus*, le *Streptococcus faecium* et le *Lactobacillus casei.*

LE LACTOBACILLUS ACIDOPHILUS

Cette bactérie nous est transmise à la naissance. Le *Lactobacillus acidophilus* produit des antibiotiques naturels dont l'acidophiline, l'acidoline et la lactocidine.

Il a la capacité de transformer les sucres en acide lactique et, ce faisant, de réduire le pH.

En réduisant le pH, cette bactérie favorise l'assimilation du calcium et prévient le développement d'éléments indésirables dans le côlon, le petit intestin et le vagin. Elle agit aussi de façon bénéfique en

- permettant la synthèse de certaines vitamines du groupe B, dont la B_{12} et l'acide folique [5];
- produisant certaines enzymes dont la protéase et la lipase, ce qui permet d'augmenter la digestibilité des protéines et des lipides;
- produisant des agents hypocholestériques, qui diminuent le taux de cholestérol sanguin;
- augmentant le péristaltisme, assurant une meilleure élimination;
- permettant la fermentation des hydrates de carbone.

LE LACTOBACILLUS BIFIDUS

Alors que le L. acidophilus nous est transmis à la naissance, le L. bifidus est introduit dans l'organisme par l'allaitement. Le type de bifidus prédominant à ce stade est le *Bifidobacterium infantis*. Il diminue après le sevrage pour laisser place au *Bifidobacterium bifidum*, qui prédomine chez l'enfant jusqu'à l'âge de cinq ou sept ans.

Le L. bifidus est nécessaire pour

- mettre en échec les bactéries indésirables;
- aider à la synthèse des vitamines du groupe B;
- réduire le pH;
- aider le côlon à s'auto-nettoyer;
- jouer un rôle dans la détoxication du foie.

On le retrouve surtout dans le gros intestin (le côlon) mais aussi dans le petit (le jéjunum).

LE STREPTOCOCCUS FAECIUM

Très résistant à plusieurs antibiotiques et beaucoup plus stable que le L. acidophilus, il résiste à l'acidité stomacale jusqu'à un pH de 1,2.

Il est très prolifique, son temps de régénération étant de 20 minutes contre 64 minutes dans le cas du L. acidophilus. Il contribue de plus à

- produire des bactériocides;
- produire certaines vitamines dont la vitamine K, la vitamine anti-hémorragie;
- traiter les diarrhées et la dysenterie, son efficacité lui ayant valu popularité et succès;
- produire des agents hypocholestériques qui aident à réduire le mauvais cholestérol;
- traiter utilement des désordres du foie.

On ne lui connaît absolument aucune toxicité jusqu'à 500 fois sa dose thérapeutique [6].

LE LACTOBACILLUS RHAMNOSUS OU CASEI

Cette bactérie est de huit à dix fois plus prolifique que le *Lactobacillus acidophilus* et refait donc la flore plus rapidement [7]. Elle possède également les propriétés suivantes :

- Produit un type d'acide lactique plus actif que le *Lactobacillus acidophilus*;
- Plus résistante aux sels biliaires;
- Plus stable que le *Lactobacillus acidophilus*;
- Produit aussi des antibiotiques naturels.

On la retrouve spécialement dans le jéjunum, le côlon et le vagin.

LE LAIT FERMENTÉ

La valeur thérapeutique du lait fermenté par les bactéries lactiques a été reconnue par plusieurs médecins, il y a de cela plusieurs siècles. Ils prescrivaient à leurs patients du lait fermenté par les bactéries lactiques pour se guérir de différents problèmes, dont les troubles d'estomac, les désordres intestinaux et les diverses pathologies du foie. Il était aussi recommandé pour stimuler l'appétit des enfants chétifs, qui mangeaient peu, pour désinfecter les plaies ou pour différents problèmes de peau.

Les laits fermentés contiennent une variété assez considérable de bactéries lactiques. Elles produisent une enzyme, la lactase, qui permet la digestion du lactose (le sucre du lait). Elles peuvent même en produire une quantité suffisante pour prévenir l'intolérance au lactose.

Les bactéries lactiques jouent un rôle très important dans la prévention de la putréfaction intestinale.

C. RENFORCER
LE SYSTÈME IMMUNITAIRE

ARRÊTER DE L'AFFAIBLIR

Pour aider le système immunitaire à reprendre ses forces, il faut d'une part arrêter de l'affaiblir et, d'autre part, le nourrir.

- Il faut cesser de prendre des médicaments, des antibiotiques, des corticostéroïdes, etc. (sauf dans les cas où ils sont absolument nécessaires du fait de la présence d'autres pathologies).
- Limiter le conctact avec des polluants comme la gasoline, les insecticides, les aérosols, les parfums, le chlore, la fumée de cigarette, etc.
- Éviter ou assainir les endroits mal aérés, sombres ou humides où prolifèrent des moisissures.

- Éviter de consommer les restes d'aliments qui sont au frigo depuis plus de deux jours, car les moisissures ne sont pas toujours apparentes.

COMBLER LES CARENCES

Il est très important de combler les carences causées par une alimentation déficiente car elles affaiblissent notre système immunitaire.

Pour pouvoir faire leur travail, c'est-à-dire défendre le corps contre les agressions, les globules blancs — les soldats du système immunitaire — ont besoin d'un apport suffisant en éléments suivants :

- Éléments nutritifs : les acides aminés (dérivés du métabolisme des protéines) ;
- Vitamines : A, C, et plusieurs vitamines du groupe B ;
- Minéraux et oligo-éléments.

Nous avons vu au Chapitre 2 que notre résistance dépend aussi des propriétés mécaniques et chimiques de la peau et des muqueuses aussi bien que d'un fonctionnement adéquat de nos différents organes. Il était donc utile de résumer, à l'article suivant, la contribution des différentes vitamines, minéraux et autre nutriments au renforcement de nos défenses naturelles.

RÔLE DES VITAMINES, MINÉRAUX ET AUTRES NUTRIMENTS DANS L'IMMUNITÉ

LA VITAMINE A

- Anti-allergène, anti-inflammatoire, anti-infectieuse.
- Stimule les systèmes de défense et aide à prévenir l'atrophie du thymus.
- Protège l'intégrité des cellules épithéliales du système digestif, des poumons, de la peau et des muqueuses.

- Aide à la sécrétion des sucs gastriques.
- Nécessaire à la croissance des os et des dents.
- Améliore la vision, l'ouïe et le sens du goûter.
- Antioxydante.

LES VITAMINES DU GROUPE B

1° **La vitamine B$_1$ (thiamine)**

- C'est la vitamine du système nerveux, de l'irritabilité et du stress.
- Favorise le péristaltisme intestinal, ce qui prévient la constipation.
- Elle est anti-dépressive.
- Nécessaire à la transformation des hydrates de carbone, des lipides et des protéines et à la synthèse des enzymes qui fournissent l'énergie.

2° **La vitamine B$_2$ (riboflavine)**

- Elle intervient dans la respiration cellulaire, le métabolisme des protéines et des acides gras.
- C'est une composante du pigment de la rétine de l'œil, donc importante pour une bonne vision.
- Aide le foie à neutraliser l'excès d'œstrogène.

3° **La vitamine B$_3$ (niacine)**

- C'est la vitamine anti-pellagre (la maladie des trois D : dermatite, diarrhée, démence).
- Nécessaire à la formation d'enzymes et au métabolisme des protéines, lipides, hydrates de carbone, des hormones mâles et femelles, ainsi que de la vitamine A.
- Utilisée dans le traitement de problèmes intestinaux, de problèmes de peau et psychologiques.

4° **La vitamine B$_5$ (acide panthoténique)**

- Elle augmente la résistance aux infections, en stimulant la production d'anticorps.
- Fait partie de la coenzyme A, à l'œuvre dans le métabolisme des glucides.

- Nécessaire à la santé de la peau et du foie.
- Rôle dans la régularisation de la pression sanguine.
- Agit en présence de l'acide folique et de la biotine.

5° **La vitamine B$_6$ (pyridoxine)**

- Elle augmente la formation d'anticorps.
- Nécessaire au métabolisme des protéines, des hydrates de carbone, des lipides, du fer, de la vitamine K, ainsi qu'à l'utilisation du zinc.
- Régularise l'équilibre des liquides du corps. Elle favorise l'élimination des déchets par les reins et prévient les effets secondaires de certains médicaments, entre autres la pilule anticonceptionnelle.
- Accroît l'activité enzymatique ; nécessaire au traitement de l'acné, des syndromes prémenstruels, de l'œdème, de l'insomnie et autres troubles nerveux ou de peau.
- Joue un rôle anti-dépressif et anti-vieillissant.

6° **La vitamine B$_{12}$ (cyanocobalamine)**

- Elle augmente le nombre de globules blancs et la résistance aux infections.
- C'est la vitamine de croissance et du système nerveux. Elle est anti-anémique et nécessaire à la multiplication cellulaire.
- Intervient dans la synthèse des acides aminés, le métabolisme des protéines, des lipides et des hydrates de carbone.
- Indispensable à l'élaboration de l'ADN.
- Le foie, le thymus et la rate sont riches en B$_{12}$.

7° **L'acide folique**

- Il est nécessaire à la santé des globules blancs et des thrombocytes (plaquettes sanguines).
- Indispensable à la reproduction et la multiplication cellulaire.
- Exerce un rôle lors de la production d'anticorps et lors de la croissance.

- Il a besoin de la vitamine C et de la B_{12} pour être activé.

8° **La biotine**

- Fabriquée par la flore intestinale, elle empêche la transformation mycélienne du *Candida albicans* [8].

- Intervient dans le métabolisme des protéines, des lipides, des hydrates de carbone et dans le transport d'oxygène.

- Accroît la résistance aux infections.

- Une carence en biotine peut amener de la fatigue, de l'irritabilité, de la dégénérescence musculaire et des problèmes de peau, telle que la desquamation.

- Nécessaire à la santé des cheveux, de la peau, des nerfs, des organes sexuels et de la moelle épinière.

LA VITAMINE C

- Son rôle est important dans la formation des anticorps et la production d'interféron. Elle a une activité anti-microbienne, augmente la résistance aux infections et nous protège des substances toxiques.

- Augmente l'assimilation du fer et a un rôle protecteur de certaines vitamines dont la A, B, D, E et K.

- Aide à maintenir la structure des os, des dents et des cartilages, elle est un facteur important dans la formation et le renouvellement du tissu conjonctif.

- Augmente les facultés intellectuelles et corporelles.

- Contribue à plusieurs activités enzymatiques et est nécessaire à la formation des hormones.

- Elle est anti-hémorragique et accélère la coagulation.

- Intervient dans la régulation métabolique, le transport d'oxygène et la respiration cellulaire.

- L'hypophyse, les surrénales, les ovaires, le foie, le cristallin et les globules blancs sont riches en vitamine C.

LA VITAMINE E

- C'est un stimulant efficace du système immunitaire, aidant à combattre les virus, bactéries et cellules cancéreuses.

- Antioxydante, elle améliore l'utilisation de l'oxygène.

- Agit sur le tissu conjonctif, favorise la fécondité et prévient la dysthrophie musculaire.

- Anti-hémolytique, elle s'oppose à la destruction des globules rouges.

- Stimule les fonctions hépatiques et favorise l'entreposage de la vitamine A dans le foie ainsi que sa transformation à partir de la béta carotène.

- Accélère la production d'énergie à partir de l'ATP et de la coenzyme A au niveau du foie.

- Le besoin en vitamine E s'accroît lors du stress, de la ménopause et lors de l'utilisation de la pilule anti-conceptionnelle.

- Elle travaille en synergie avec le sélénium pour produire les anticorps.

LES MINÉRAUX ET OLIGO-ÉLÉMENTS

1° L'iode

- Il est nécessaire à la glande thyroïde dans la production de la thyroxine, hormone vitale pour la croissance et le métabolisme.

- Synthétise les protéines et les hydrates de carbone pour produire l'énergie.

- Important dans la transformation de la béta carotène en vitamine A et dans la synthèse des phagocytes.

2° Le magnésium

- Il accroît la résistance aux infections et est indispensable à l'activité de la properdine, élément du système de défense anti-viral.

- Présent dans toute les cellules, il contrôle la perméabilité cellulaire et l'excitabilité neuro-musculaire.

- Accélère l'activité de la vitamine B_1 et celle des phosphates : ferments qui interviennent dans l'absorption intestinale et l'utilisation des glucides, de l'ATP et dans l'ossification.

- Intervient contre le vieillissement, les maux de tête, les spasmes, les vertiges, l'angoisse, la tétanie, la desquamation de la peau et l'atrophie du tissu conjonctif.

3° Le sélénium

- Il stimule la production d'anticorps et augmente l'activité de l'ADN et de l'ARN.
- Intervient dans la fermeté et la santé des muscles, la fonction cardiaque, la synthèse des protéines et des globules rouges et dans la relaxation musculaire.
- Puissant anti-oxydant et catalyseur par excellence car beaucoup d'enzymes en dépendent, dont le glutathion-peroxydase, qui augmente la capacité des cellules à phagocyter.

4° Le zinc

- Il est requis pour un fonctionnement normal du thymus et dans la reproduction et l'activation du potentiel des lymphocytes.
- Nécessaire à la réparation cellulaire, accélère la cicatrisation et réduit l'inflammation.
- Permet la libération de la vitamine A du foie.
- C'est un constituant d'au moins 20 enzymes et il exerce un rôle dans la croissance, l'ossification, la division cellulaire et les échanges gazeux pulmonaires.
- Intervient dans le métabolisme du glucose et la mise en réserve de l'insuline. Lorsque le corps est déficient en zinc, la tolérance au glucose diminue.
- Contribue aussi de manière importante au bon fonctionnement du rein.

LES ACIDES GRAS ESSENTIELS

- Ils forment la partie structurale et règlent la perméabilité de toutes les membranes du corps.
- Stimulent la production des lymphocytes T, augmentent la résistance aux virus et aux bactéries et sont un facteur important pour réduire l'inflammation.

- Stimulent le métabolisme, augmentent l'oxygénation et la production d'énergie.

- Indispensables à la synthèse de la lécithine, de la myéline et des prostaglandines. Ces dernières sont des petites molécules de lipides extrêmement actives, sécrétées dans le sang en petite quantité, mais qui ont des effets extrêmement puissants. Elles agissent un peu comme des hormones.

- Ils protègent les muqueuses et sont indispensables lors du traitement des problèmes intestinaux, de la peau sèche, des allergies, des maladies cardio-vasculaires, de l'asthme, des crampes menstruelles et de l'hypertension.

- Facilitent la relaxation musculaire et diminuent le cholestérol sanguin.

- Les acides gras essentiels, en particulier l'oméga 3, sont nécessaires au fonctionnement du cerveau, des surrénales et des organes reproducteurs.

AUTRES NUTRIMENTS

1° Les bioflavonoïdes

Les bioflavonoïdes sont un groupe de molécules d'origine végétale possédant des propriétés antioxydantes et d'inhibition de certaines enzymes responsables de la destruction des protéines du tissu conjonctif, par exemple le collagène.

Le collagène est la protéine la plus abondante du corps humain. Son rôle est de maintenir l'intégrité des tendons, des ligaments, des cartilages et de toutes les structures du corps. Il est détruit durant les processus inflammatoires.

- Les bioflavonoïdes sont remarquables pour leur pouvoir préventif à l'égard de la destruction du collagène, dont ils favorisent la synthèse en stimulant et en fortifiant ses fibres.

- Ils augmentent la protection du cerveau contre les drogues, polluants et autres toxines en empêchant sa membrane de devenir trop perméable. L'augmentation de la perméabilité de cette membrane est reliée aux maladies auto-immunes, à la schizophrénie, aux allergies cérébrales et autres désordres du système nerveux.

- Ils contrôlent la perméabilité des capillaires et augmentent leur résistance.

- Ils favorisent la relaxation des muscles lisses, ils sont utiles dans la dysménorrhée, les troubles de la vision, ils protègent tout le système vasculaire, notamment à l'égard des varices et des phlébites.

- Ils sont anti-hémorragiques, anti-inflammatoires, anti-allergiques et diminuent la tendance à l'œdème.

Certains types de flavonoïdes sont plus actifs que d'autres parce qu'ils sont plus hydrosolubles. C'est le cas des flavonoïdes de la famille des anthocyanidines et des proanthocyanidines, par exemple. À titre d'exemple, mentionnons un produit nouveau sur le marché nommé Pycnogénol®. Ce dernier est composé de 85 % à 95 % de proanthocyanidines. Il est très rapidement absorbé et redistribué à travers tout le corps. C'est un puissant anti-oxydant, 20 fois plus que la vitamine C et 50 fois plus que la vitamine E.

2° L'Échinacée (ou Rudebeckie)

J'ai cru bon ouvrir une parenthèse sur cette plante car elle mérite une place de premier plan lors d'infections et de problèmes immunitaires. Aussi est-elle, en médecine alternative, un outil fort précieux.

- C'est le plus fidèle antibiotique naturel : elle stimule la production des globules blancs, augmente la résistance aux infections, au rhume, à la grippe, ainsi que la phagocytose.

- Elle possède des propriétés antiseptiques, stimule, accélère l'élimination des toxines et débarrasse l'organisme des déchets métaboliques.

- Elle facilite la réparation cellulaire et la guérison des plaies et des blessures.

- Elle est excellente pour le drainage du système lymphatique, donc tout indiquée pour combattre les allergies.
- Son action ressemble à celle de la cortisone lors du traitement de l'inflammation et de l'œdème inflammatoire.

3° Les enzymes

La plupart des antigènes, bactéries ou levures sont faits de protéines ainsi que les substances qu'ils sécrètent. Pour pouvoir les assimiler et les éliminer, le corps a besoin d'une quantité énorme de protéase, l'enzyme qui digère les protéines.

Cette digestion s'effectue dans le tube digestif, mais aussi dans le sang, car il s'y trouve des protéines mal digérées qui ont pu traverser la membrane intestinale. Dans le sang, les antigènes se lient à ces protéines non digérées et sécrètent des substances qui provoquent l'inflammation, dont les manifestations sont l'enflure, des éternuements, la fièvre des foins, des éruptions cutanées, de l'asthme, etc.

Pour que l'antigène puisse être éliminé, il doit être séparé de la molécule de protéine à laquelle il est attaché. Ce sont les enzymes qui doivent accomplir ce travail. Elles vont digérer la protéine et libérer l'antigène que le système lymphatique se charge alors d'éliminer.

La disponibilité d'une réserve suffisante d'enzymes intervient donc de façon cruciale dans l'efficacité du système immunitaire.

D. RÉSOUDRE LE STRESS

On verra ici que le rétablissement d'une candidose serait illusoire si l'organisme reste constamment soumis aux différents agents du stress. Ceux-ci peuvent provenir de

- l'extérieur : pollution, bruit, radiations, traumatismes, interventions chirurgicales, changements de température ou d'altitude, peurs, etc. ;
- l'intérieur : pensées négatives, infections, douleur, hypertension, allergies et invasions diverses.

Ce sont les glandes surrénales qui maintiennent l'équilibre du corps dans les situations de stress. Ce sont les amortisseurs (*shock absorbers*) du stress. Les glandes surrénales sont deux petites glandes situées au dessus des reins, comme un petit chapeau. Chaque glande est divisée en deux sections : la cortico-surrénale qui est la partie extérieure et la médullo-surrénale qui est la partie centrale. Chacune de ces parties sécrète des hormones qui exercent un rôle bien spécifique.

LA CORTICO-SURRÉNALE

Elle sécrète principalement trois sortes d'hormones : les minéralocorticoïdes, les glucorticoïdes et les gonado-corticoïdes.

Les minéralocorticoïdes. — Ces hormones aident à régler l'équilibre entre le potassium et le sodium dans le sang. Ce phénomène permet l'équilibre entre les liquides dans l'organisme, règle la tension artérielle et réduit le taux d'acidité du sang.

Les glucocorticoïdes. — L'hormone maîtresse de la famille des glucocorticoïdes est le cortisol. Le cortisol régularise le métabolisme du glucose (sucre) sanguin, surtout en période de stress. Son action principale est d'augmenter l'apport de glucose aux tissus, particulièrement ceux du cerveau et du cœur et de permettre l'adaptation métabolique du corps aux divers facteurs de stress. Le cortisol intervient dans la santé de la musculature, des tissus conjonctifs et osseux et du système lymphatique. Il favorise la réparation tissulaire et la guérison des plaies.

Sous l'effet d'un stress intense, un excès de cortisol est sécrété. Cela peut avoir des conséquences désagréables comme des ulcères d'estomac, de l'hypertension et des problèmes vasculaires, une atrophie des ganglions lymphatiques, de même qu'une réduction du nombre des globules blancs, donc une diminution de l'efficacité du système immunitaire.

Parmi les glucocorticoïdes, on retrouve aussi la cortisone, qui exerce un rôle anti-inflammatoire. Une personne sujette à l'inflammation a peut-être une surrénale qui ne produit pas suffisamment de cortisone naturelle pour contrôler l'inflammation.

Les gonadocorticoïdes. — Ces hormones stimulent la production des hormones sexuelles (œstrogène, progestérone et testostérone) par les gonades.

LA MÉDULLO-SURRÉNALE

Elle sécrète deux hormones, la noradrénaline et l'adrénaline, cette dernière étant la plus abondante (80 % du total).

L'adrénaline est parfois appelée épinéphrine. La production d'adrénaline accélère la contractilité et la fréquence du cœur, elle a un effet relaxant sur les muscles lisses des bronches et des artérioles du cœur.

L'adrénaline accélère la transformation du glycogène en glucose, régularisant ainsi le taux de glucose sanguin. C'est elle qui éveille l'acuité, la vigilance et la vivacité du cerveau.

L'adrénaline est l'hormone de la fuite et du combat, c'est elle qui permet les réactions accélérées de l'organisme dans les situations d'urgence ou de stress (peur, énervement, ou lors d'un exercice intense comme un marathon par exemple).

La noradrénaline, aussi appelée norépinéphrine, permet la vasoconstriction, elle augmente la pression sanguine et dérive le sang vers les muscles lorsque l'activité y est accrue.

L'orientation de ces deux hormones vers leurs cibles se fait grâce à certains récepteurs localisés sur les différents organes. Ces récepteurs ont une affinité pour l'une ou l'autre de ces hormones.

CONSÉQUENCES DU STRESS

Constamment stimulées par le stress, les glandes surrénales vont se fatiguer et ne pourront plus remplir leur rôle adéquatement. Un déséquilibre dans le fonctionnement de ces glandes aura des conséquences fâcheuses sur l'organisme. On parlera d'ostéoporose, d'un ralentissement dans la guérison des plaies, d'une élévation ou diminution de la tension artérielle, d'une élévation ou diminution du taux de glucose sanguin, de problèmes neurologiques ou vasculaires, d'une faible résistance au stress et aux agents infectieux.

En plus, en réponse au stress, le corps fabrique plus d'acidité et c'est dans les milieux acides que peut se développer n'importe quelle maladie. Le Candida, particulièrement résistant, peut profiter de la situation pour continuer sa reproduction.

Comme on peut le voir, le stress peut affecter les différents organes du corps, perturber leur bon fonctionnement, diminuer leur efficacité d'action et ralentir ou nuire au processus de guérison.

E. RÉTABLIR
L'ÉQUILIBRE ACIDO-BASIQUE

Pour rester en santé, l'organisme dispose de plusieurs mécanismes de régulation qui voient à conserver son milieu interne constant. C'est ce qu'on appelle l'homéostasie ou l'équilibre acido-basique.

Le maintien de cet équilibre essentiel à la survie dépend en particulier

- des électrolytes des liquides corporels :
    - les sels minéraux,
    - les acides,
    - le bicarbonate,
    - les protéines ;
- du système respiratoire ;
- des reins.

L'unité utilisée pour mesurer le degré d'acidité ou d'alcalinité est le pH. Le dérèglement du pH, est un facteur majeur dans le développement microbien.

Lorsque l'équilibre est rompu, la maladie survient : on parlera d'acidose (pH est trop bas) ou d'alcalose (pH trop élevé) mais dans les deux cas, les différents systèmes du corps peuvent être affectés.

Une solution à ce problème est indispensable au processus de guérison de toute pathologie. Ceci est d'autant plus vrai que les facteurs du déséquilibre sont les mêmes que ceux qui favorisent la croissance du Candida. Donc si cet équilibre reste perturbé, toutes sortes de pathologies pourront survenir, et notamment une résurgence du Candida.

F. DÉTRUIRE LE CANDIDA

Il devient parfois nécessaire d'utiliser un fongicide, substance servant à détruire les champignons. Plusieurs produits pharmaceutiques destinés à cette fin sont disponibles (**En médecine conventionnelle**), mais il faut savoir que plusieurs substances naturelles sont efficaces (**Les alternatives naturelles**). En terminant, il faut être prévenu des symptômes provoqués par l'éradication du Candida (**La réaction Herxheimer**).

EN MÉDECINE CONVENTIONNELLE

Les fongicides employés en médecine conventionnelle sont les suivants : la nystatine, le kétoconazole (Nizoral®), le clotrimazole, l'amphotéricine B et la flucytosine.

LA NYSTATINE

Elle est dérivée de moisissures découvertes dans les années 1950 dans les sols de la Virginie par une recherchiste scientifique, Elizabeth Lee Hagen. Elle détruit le *Candida albicans* en se liant à sa membrane cellulaire, dont elle altère la perméabilité. Un excès de nystatine peut alors pénétrer le champignon, le faisant gonfler et éclater.

Ce produit est offert en comprimés, en poudre, en crème, en onguent, en suppositoires ou en gouttes. Il faut s'assurer que les crèmes, onguents ou suppositoires ne contiennent pas de lactose, qui est le sucre contenu dans le lait. On sait que tout sucre favorise la croissance du Candida.

La nystatine est efficace contre les manifestations de la candidose au niveau du tube digestif, des muqueuses et de la peau et non dans le sang.

Une dose élevée de nystatine par voie orale peut provoquer nausées, vomissements et diarrhée.

LE NIZORAL®

C'est le nom commercial du kétoconazole. Plus puissant que la nystatine, il est absorbé dans le sang. Les propriétés antifongiques du kétoconazole peuvent être liées à sa capacité d'inhiber la synthèse de l'ergostérol, constituant de la membrane cellulaire des levures et des champignons.

Sous forme de comprimés ou de suspension orale, on le réserve au traitement d'infections généralisées graves attribuées au *Candida albicans* lorsque les autres types de thérapies ne conviennent pas.

Des troubles hépatiques peuvent survenir lors du traitement au kétoconazole. Il s'accompagne d'effets secondaires, dont des nausées, des vomissements, de la diarrhée, des éruptions cutanées, des céphalées, de la nervosité, des tremblements, de la somnolence et de la fièvre.

LE CLOTRIMAZOLE

Le mécanisme d'action de cet antifongique est attribué à son interaction avec la couche lipidique de la membrane du champignon. En affectant sa perméabilité et désagrégeant ses acides nucléiques, le produit inhibe la prolifération du *Candida albicans*.

Il est indiqué dans le traitement topique, sous forme de crème ou de comprimés vaginaux.

Peu d'effets secondaires ont été signalés, sauf de légères démangeaisons et des éruptions cutanées dans de rares cas.

L'AMPHOTÉRICINE B

Ce médicament puissant est d'abord destiné au traitement des infections évolutives et potentiellement fatales ainsi qu'aux formes disséminées de la candidose.

Disponible en poudre que l'on dilue dans l'eau pour le traitement par voie intra-veineuse, l'amphotéricine B peut aussi être administrée par irrigation dans les infections de la vessie, du vagin et du côlon, ainsi qu'en aérosol (nébuliseur) dans les infections pulmonaires attribuables au *Candida albicans*.

Même à des doses inférieures à la dose thérapeutique maximum, l'amphotéricine B peut avoir des effets indésirables et dangereux : la fièvre, des frissons, des maux de tête, de l'anorexie, des nausées, des vomissements, de la dyspepsie, des douleurs musculaires ou articulaires, des crampes, des phlébites, et parfois des problèmes cardiovasculaires, hépatiques et rénaux.

LA FLUCYTOSINE

Le mécanisme d'action de la flucytosine n'est pas encore connu avec précision. Elle peut être indiquée dans le traitement d'infections graves (septicémies, endocardites, ou des voies urinaires) causées par le *Candida albicans*.

Elle provoque plusieurs types de réactions adverses : nausées, maux de tête, étourdissements, réduction des globules blancs et dommage au foie.

LES ALTERNATIVES NATURELLES

Heureusement, il existe des alternatives naturelles aux fongicides pharmaceutiques.

L'AIL

C'est le fongicide par excellence et il s'avère plus efficace que la nystatine pour détruire les levures pathogènes.

L'élément actif de l'ail se nomme l'allicine. L'ail est en premier lieu fongistatique, c'est-à-dire qu'il empêche le développement des levures; mais à des concentrations élevées, il est fongicide et il détruit carrément les levures de type *Candida*. Il inactive leur croissance et les empêche de se transformer sous une forme mycélienne.

L'ail est bien connu pour ses propriétés antibactériennes. Il protège le foie et contribue au renforcement du système immunitaire.

C'est aussi une excellente source de germanium, oligoélément qu'on retrouve en petite quantité dans les aliments mais qui a un pouvoir d'oxygénation incomparable. Le germanium est aussi un puissant stimulant du système immunitaire, un épurateur de l'organisme et un régénérateur des fonctions cellulaires.

L'ACIDE CAPRYLIQUE

C'est un acide gras à courte chaîne provenant surtout de la noix de coco. L'acide caprylique est connu pour ses effets antifongiques puissants. Il agit en détruisant la membrane des levures, ce qui provoque leur désagrégation.

De trop fortes doses peuvent causer une irritation des muqueuses, des nausées ou des diarrhées.

On trouve plusieurs préparations qui en contiennent chez les marchands de produits naturels. Il est parfois associé avec de l'*acide sorbique* ou de l'*acide propionique*, qui ont des propriétés semblables.

LE PAU D'ARCO

Aussi nommé *tahebo* (de son nom indien) ou *lapacho* (de son nom espagnol), il s'agit de l'intérieur de l'écorce d'un arbre d'Amérique du Sud (*Tecoma curialis*). Le Pau d'Arco est utilisé comme remède pour tous les problèmes reliés à l'affaiblissement du système immunitaire : rhume, grippe, fièvre, infections et piqûres de serpent.

On loue ses mérites dans la lutte contre le cancer et dans le traitement de la candidose. Il est utilisé thérapeutiquement par les Indiens depuis des siècles.

On lui reconnaît aussi des propriétés antibiotiques et on l'utilise contre les infections vaginales.

Son seul effet secondaire, c'est de contribuer à amollir les selles — ce qui peut être souhaitable dans bien des cas.

LES ALKYLGLYCÉROLS

Les alkylglycérols sont des acides gras à chaîne moyenne, que l'on retrouve à l'état naturel dans le lait maternel, la moelle osseuse, le foie et la rate. Ils contribuent à la production des globules blancs.

Dès le XVIIIᵉ siècle, on les utilisait en Norvège pour faciliter la cicatrisation des plaies, traiter l'irritation des voies respiratoires et de l'appareil digestif, l'asthme, le psoriasis et l'enflure des ganglions lymphatiques. Ils ont des propriétés antibiotiques, antifongiques, anti-tumeur et anti-cancer.

La source la plus riche d'alkylglycérols est l'huile de foie de requin. Il est utile de mentionner ici un produit à base d'alkylglycérols, Ecomer ®, popularisé pour ses propriétés à la fois antifongiques et immunostimulantes.

LA RÉACTION HERXHEIMER

Lors d'un programme approprié d'éradication du *Candida albicans*, on peut parfois ressentir certains symptômes de sevrage ou désintoxication qu'on désigne par le terme de « réaction Herxheimer » *.

Ces symptômes ressemblent à ceux de la grippe : courbatures, fatigue, maux de tête, dépression, congestion. Des frissons peuvent apparaître ; des symptômes déjà présents peuvent s'accentuer, un peu comme chez un narcomane en état de manque. Lorsque l'organisme est privé de substances auxquelles il s'était habitué, il passe toujours par une période de sevrage.

Dans le cas présent, le fait d'interrompre nos habitudes de consommation de sucre, par exemple, peut provoquer des symptômes semblables. Mais c'est surtout l'utilisation de fongicides qui est responsable de cette réaction. Efficaces parce qu'ils assurent une désagrégation du champignon, certains fongicides entraînent toutefois un surcroît de toxines dans le sang. L'énergie consacrée à l'élimination de ces toxines par le corps n'est plus disponible aux autres fonctions, ce qui explique l'apparition des symptômes en question. C'est le même processus qui est à l'œuvre lors d'une grippe.

---

*   Ces symptômes ont été décrits pour la première fois par deux dermatologistes allemands, Karl Herxheimer et Adolphe Jarish.

CHAPITRE 5

LES AUTRES FACTEURS À SURVEILLER

Le succès obtenu dans le traitement de la candidose dépendra largement du sérieux de nos efforts dans trois domaines : le rétablissement d'un meilleur équilibre émotionnel (**A.**), l'attention portée à l'hygiène intestinale (**B.**) et une appréciation correcte des bienfaits de l'exercice physique (**C.**).

A. L'ASPECT PSYCHOLOGIQUE

La joie, l'amour et le bonheur jouent un rôle actif dans la guérison. Déjà à l'époque d'Hippocrate, la littérature médicale parlait du lien entre l'esprit et la rapidité de guérison. En 1920, le docteur Edward Bach attribuait les maladies chroniques à un conflit entre l'âme et la personnalité.

La longue histoire de la médecine chinoise soutient aussi que l'équilibre entre le corps et l'esprit est essentiel au maintien de l'homéostasie.

Des recherches en psychoneuroimmunologie au Centre Médical de Los Angèles ont prouvé de façon concluante que tout ce qui traverse l'esprit ou la pensée a un effet physiologique spécifique.

Lors d'expériences conduites sur lui-même, le docteur Cousins de l'université de Californie remarqua au moyen d'échantillons sanguins qu'en entrant dans un état de joie et d'euphorie, il se produisait une augmentation de 53 % des lymphocytes.

« L'amour (joie, bonheur, etc.) est physiologique » disait le docteur Siegel de l'UCLA. C'est une perception qui, en tant que telle, implique une activité physiologique, un substrat biochimique et bioélectrique.

ENDORPHINES ET NEUROTRANSMETTEURS

Cette sensation est perçue par le corps au moyen d'agents bioélectriques appelés endorphines. Ces dernières transmettent l'énergie, le flux de stimuli qui provient du cerveau et s'y dirige. Elles jouent aussi un rôle important dans l'apaisement de la douleur. Ce sont les substances biochimiques naturelles du plaisir, du stress positif, de la joie, de l'extase, de la santé et elles circulent à travers notre corps avec la capacité de véhiculer le bonheur à tout moment.

D'autres substances sont aussi formées en présence de bien-être, ce sont les neurotransmetteurs. Ces derniers sont également fabriqués au niveau du cerveau, mais aussi dans d'autres parties du corps, où ils se comportent en hormones et interviennent dans le système immunitaire.

LE RÔLE DES ÉMOTIONS POSITIVES

Sous l'effet de la peur, l'angoisse, la panique, la dépression, le découragement, le cerveau perd la capacité d'activer ces substances, ce qui donne libre cours au dérèglement des systèmes nerveux, endocrinien et immunitaire. Les émotions positives auraient la capacité de bloquer les émotions négatives, permettant au cerveau de remplir ses fonctions et au corps de retrouver son homéostasie.

Le docteur Cousins a prouvé que les émotions négatives produisent des changements physiologiques négatifs, telle la constriction des vaisseaux sanguins et cardiaques. Le docteur Hans Selye de l'université de Montréal a observé que l'effet de stress prolongé provoque des débalancements hormonaux chez les hommes et les animaux. Pour sa part, le docteur Asai dit que le stress acidifie le sang.

D'autres recherches ont démontré que lorsqu'un individu est en paix et rempli d'amour, les neurotransmetteurs communiquent avec le système immunitaire au moyen des influx nerveux, de substances chimiques et des nerfs, de telle façon que les virus ou autres agents pathogènes ne peuvent pas aussi facilement attaquer les globules blancs ou affecter l'ADN.

Il faut toujours se rappeler que le corps est un tout en interaction continuelle avec l'esprit. Cela, même la science et les immunologistes ne le nient pas! On met fortement en relief l'importance des émotions positives. La façon de penser, de voir la vie, la confiance, l'amour, le soutien des amis et de la famille, peuvent faire toute la différence.

B. L'HYGIÈNE INTESTINALE

Un autre facteur à surveiller lors d'un programme de traitement de la candidose, c'est l'hygiène intestinale.

LE RISQUE D'INTOXICATION DU CÔLON

Le côlon peut être comparé au système d'égoût de l'organisme. C'est l'endroit idéal pour la prolifération bactérienne.

Deux types de bactéries s'y confrontent : les bactéries amicales et les bactéries pathogènes (qui provoquent la maladie). Le rôle des bactéries amicales consiste à prévenir, neutraliser ou débarrasser le côlon d'une intoxication. Dans un côlon sain et propre, les bactéries amicales vont empêcher la prolifération des bactéries pathogènes. Lorsqu'au contraire, le côlon se trouve encrassé, ou qu'il s'y produit trop de fermentation ou de putréfaction en raison d'une hygiène côlonique insuffisante, les bactéries pathogènes prolifèrent et s'en suit la maladie.

LES ALIMENTS À PROSCRIRE

Un des rôles essentiels du côlon, c'est de recueillir les résidus toxiques provenant de différentes parties de l'anatomie et de les éliminer hors de l'organisme, à défaut de quoi ils se putréfient, deviennent odorants et créent des gaz. Tout ce qui n'est pas éliminé va se décomposer dans l'intestin et être réabsorbé dans le sang, causant la toxémie (intoxication).

Voici une liste d'aliments qui facilitent le mauvais fonctionnement ou l'encrassement du côlon :

– Aliments traités, dévitalisés, surcuits ou frits ;
– Hydrates de carbone raffinés ;
– Sucre, sel utilisés de façon excessive ;
– Aliments contenants des additifs, des agents de conservation et des colorants.

Un côlon en santé a besoin d'aliments frais et sains, le moins possible transformés, et contenant des vitamines, minéraux, enzymes, fibres, etc.

LE RÔLE DES FIBRES ALIMENTAIRES

Les fibres alimentaires ont un rôle particulièrement important pour la santé du côlon. Elles sont, pour ainsi dire, le balai de l'intestin. Elles permettent une meilleure digestion des aliments et facilitent leur passage au travers du système digestif, voire leur élimination hors de l'organisme. Elles agissent sur les petits muscles de l'intestin dont le rôle consiste à pousser le contenu intestinal hors de l'organisme. En d'autres mots, les fibres leur font faire leur culture physique.

Dans certains cas, une irrigation côlonique peut s'avérer nécessaire, car la meilleure alimentation au monde ne pourra porter fruit si l'intestin est encombré de déchets, ou encrassé de matières fécales putréfiées.

C. L'EXERCICE PHYSIQUE

L'activité physique est essentielle au maintien d'un degré élevé de vitalité. L'individu bien entraîné possède un plus gros volume de sang ainsi qu'un taux plus élevé d'hémoglobine, ce qui lui assure une bien meilleure oxygénation [9].

CANDIDA ET CARENCE EN OXYGÈNE [10]

L'oxygénation permet de prévenir une trop grande accumulation de déchets métaboliques.

L'oxygène est un des plus puissants stimulants du système immunitaire. Il joue un rôle vital dans la résistance aux maladies. L'hypoxie (carence en oxygène) prédispose aux maladies dégénératives et constitue un facteur primordial dans les maladies immunosuppressives.

Le *Candida albicans* génère une grande quantité de toxines, particulièrement lorsqu'il y a peu d'oxygène disponible. Lorsque l'oxygène est limité, les levures peuvent mieux résister aux attaques du système immunitaire. L'hypoxie est un facteur majeur de la prolifération du Candida chez les patients qui en sont atteints.

L'oxygène est essentiel à la production énergétique des cellules. À un degré optimal d'oxygénation, on tire plus d'énergie et d'éléments nutritifs de notre nourriture.

EXERCICE ET HYGIÈNE CELLULAIRE

L'exercice physique favorise l'émission de certaines endorphines et de l'ACTH. Ces deux hormones contribuent au maintien de la santé en débloquant des signaux immunitaires permanents à travers tout le corps [11].

L'ACTH contrôle la sécrétion d'un des glucocorticoïdes, le cortisol, qui agit contre le stress et l'inflammation, assure l'apport énergétique et intervient dans le métabolisme des protéines.

L'exercice permet d'augmenter le taux d'endorphines, les analgésiques naturels de l'organisme. Ce phénomène est bien connu des athlètes, qui ressentent une euphorie après un entraînement et se sentent déprimés s'ils ne s'entraînent pas.

CIRCULATION SANGUINE ET LYMPHATIQUE

L'exercice améliore la circulation sanguine, ce qui permet un plus grand apport d'éléments nutritifs. Il augmente en plus la circulation lymphatique, ce qui améliore l'élimination des déchets et le fonctionnement du système immunitaire.

Anatomiquement, le système lymphatique ressemble au système veineux. Comme les veines, les vaisseaux lymphatiques contiennent des valvules qui assurent le mouvement continu de sa circulation dans une direction donnée. Par contre, la circulation lymphatique n'est pas activée par une pompe (le cœur) comme dans le cas de la circulation sanguine, mais plutôt par les muscles squelettiques (situés le long des os). En se contractant, ceux-ci exercent une pression sur les vaisseaux lymphatiques qui force la lymphe à se diriger vers les veines sous-clavières, c'est-à-dire à emprunter le chemin prescrit.

Le sang est continuellement renouvelé grâce à la lymphe. La lymphe se nettoie, se purifie dans les tissus lymphoïdes : ganglions, rate, amygdales, etc. Ces tissus sont les usines de purification de la lymphe et servent aussi à fabriquer des lymphocytes et des anticorps. Si la lymphe circule mal, il s'y accumule un excès de déchets qui surchargera les usines de purification et contribuera à une défaillance immunitaire.

AUTRES BIENFAITS DE L'EXERCICE

La transpiration provoquée par l'exercice intense ou cardio-vasculaire contribue à l'élimination des déchets par la peau. L'exercice est aussi indispensable pour prévenir d'autres problèmes de santé comme l'ostéoporose, l'excès de cholestérol, l'obésité, la maigreur, l'hypertension artérielle, la constipation, la fatigue, etc.

CHAPITRE 6

CANDIDA
ET AUTRES PATHOLOGIES

Le traitement de la candidose suppose que des décisions judicieuses soient prises à différentes étapes de la démarche de base exposée dans les deux chapitres précédents. Dans bien des cas, un bilan de santé détaillé sera nécessaire car il est démontré qu'au moins cinq types de désordres de l'organisme se présentent souvent en même temps qu'un envahissement par le *Candida albicans*.

J'ai cru bon d'ajouter à l'Annexe A quelques indications sur le *Metei-sho*, nom donné à un ensemble de symptômes possibles de la candidose.

LES ALLERGIES OU HYPERSENSIBILITÉS

L'allergie — du grec *allos*, « différent » et *ergon*, « action » — ou l'hypersensibilité, est une réaction exagérée du système immunitaire quand les tissus sont mis en présence d'un agent normalement inoffensif, par exemple : le pollen, le soya ou le lait.

Nous avons vu au chapitre 1 le mécanisme qui permet au *Candida albicans* de s'accrocher aux différentes muqueuses de notre organisme. En particulier dans le cas de la muqueuse gastro-intestinale, la barrière qu'elle constitue entre le sang et le contenu intestinal perd de son efficacité. Des particules d'aliments non digérées aussi bien que des substances sécrétées par le champignon lui-même peuvent alors pénétrer dans le sang et être perçues comme des substances allergènes. Le système immunitaire est alors mis en branle puisqu'il s'agit d'une intrusion.

La réaction immunitaire provoquée est de type allergique : elle cause une lésion des tissus et l'inflammation (sinusite, dermatite, laryngite, etc.). Dans la littérature actuelle sur les allergies, on considère le *Candida albicans* comme une des principales causes des allergies dites « endogènes », c'est-à-dire provenant de l'intérieur même de l'organisme.

Ces allergies peuvent imiter toutes sortes de symptômes dépendant de l'endroit où elles se logent. Voici une liste de telles manifestations à différents endroits de l'organisme. Cette compilation a été établie par le docteur Yehuda Barsel, allergiste de Colonia, New Jersey *.

MANIFESTATIONS ALLERGIQUES SUSCEPTIBLES D'ÊTRE RELIÉES AU CANDIDA

AU NIVEAU CÉRÉBRAL

- Maux de tête ou migraine
- Dépression
- Difficulté d'apprentissage, inattention et mauvais fonctionnement du cerveau
- Névrite (engourdissement ou fourmillement)
- Tension, fatigue
- Convulsion
- Hyperactivité, irritabilité
- Désorientation
- Faim et soif excessives
- Sautes d'humeur
- Schizophrénie

---

* Source : Trowbridge, J.P., *The Yeast Syndrome*, p. 289.

Au niveau des yeux

- Cernes autour des yeux (*allergic shiners*)
- Œdème des paupières
- Vision embrouillée (périodiquement)
- Yeux qui chauffent ou qui piquent
- Rougeur dans la partie blanche de l'œil
- Photophobie (vue incommodée par la lumière)
- Conjonctivite

Au niveau des oreilles

- Otite
- Bourdonnements, sifflements dans les oreilles
- Le syndrome de Menière : vertige, étourdissement
- Perte de l'ouïe

Au niveau de la gorge et du nez

- Saignements de nez fréquents
- Rhinite ou écoulement nasal
- Le nez qui pique souvent
- Language nasillard
- Sinusite
- Laryngite
- Polypes

Au niveau des bronches et des poumons

- Asthme
- Bronchite à répétition
- Inflammation des bronchioles
- Toux persistante

Au niveau gastro-intestinal

- Coliques ou crampes abdominales
- Mauvaise haleine
- Apthes fréquents
- Difficulté à avaler
- Sensation que quelque chose est pris dans la gorge
- Gaz, ballonnement et douleur stomaccale
- Nausée et vomissement
- Goût d'aliments qui remontent dans la bouche

- Constipation et / ou diarrhée
- Ulcération du système gastro-intestinal
- Démangeaison, fissure ou douleur anale

Au niveau cardiovasculaire

- Tachycardie (accélération des battements cardiaques)
- Palpitations cardiaques
- Œdème (rétention d'eau)
- Bouffée de chaleur
- Frilosité
- Ecchymoses (faire des bleus facilement)
- Inflammation des vaisseaux sanguins (phlébite)
- Angine de poitrine
- Arythmie (perturbation dans la fréquence cardiaque)

Au niveau de la peau

- Éruptions cutanées ou urticaire
- Dermatite : eczéma
- Érythème
- Pâleur
- Séborrhée et pellicules
- Peau qui s'irrite facilement
- Infections
- Psoriasis

Au niveau du système génital et urinaire

- Besoin fréquent d'uriner
- Dysurie, difficulté ou douleur en urinant
- Énurésie
- Albuminurie (protéines dans l'urine)
- Hématurie (sang dans l'urine)
- Inflammation de la prostate
- Infection vaginale et urinaire
- Problème menstruel

Au niveau musculaire et articulaire

- Douleur ou inflammation entre les jointures
- Douleur musculaire

- Jambes lourdes
- Arthrite et rhumatisme

Au niveau du sang

- Anémie
- Purpura (taches bleues et noires sur la peau, dues à l'éclatement des petits vaisseaux sanguins (capillaires).
- Leucopénie (diminution du taux de globules blancs)

L'HYPOGLYCÉMIE

Similitude des symptômes

L'hypoglycémie peut présenter des symptômes semblables à ceux de la candidose. Le Candida peut perturber les fonctions du cerveau et du système nerveux et créer des symptômes tels que fatigue, maux de tête, sautes d'humeur, tremblements, palpitations cardiaques, manque de concentration, étourdissements, rage de nourriture, sensation d'être perdu, etc.

L'hypoglycémie est caractérisée par une baisse du taux de glucose sanguin. En temps normal, le taux de glucose sanguin se maintient entre 70 et 115 mg par 100 ml de sang. C'est ce qu'on appelle la glycémie. Le glucose, sucre simple que le corps utilise comme carburant, est la principale source de nutrition du cerveau et du système nerveux.

C'est lorsque le taux de glucose sanguin descend sous la normale que la personne peut ressentir des symptômes hypoglygémiques semblables à ceux du Candida.

Physiologie de l'hypoglycémie

Le taux de glucose sanguin est maintenu constant de différentes façons et par différents organes dont le foie, le pancréas, les glandes surrénales, la thyroïde et l'hypophyse.

La candidose peut s'en prendre à l'un ou l'autre de ces organes, perturber la glycémie et, ce faisant, provoquer tous les symptômes de l'hypoglycémie.

Voyons un peu comment ces organes maintiennent la glycémie normale.

1° LE FOIE

Il remplit de multiples fonctions, mais son rôle dans le maintien de la glycémie est bien précis.

Il existe un système veineux entre les intestins et le foie, qui permet d'apporter les éléments nutritifs vers cet organe. Lors de la digestion, les hydrates de carbone sont transformés en glucose, fructose et galactose. Ils empruntent ensuite ce système veineux, plus précisément la veine porte, pour être conduits au foie qui convertit le fructose et le galactose en glucose. Le foie est le seul organe qui possède les enzymes nécessaires à cette conversion.

Si les cellules n'ont pas besoin de glucose dans l'immédiat, le foie va convertir le glucose en glycogène et le garder en réserve pour utilisation future. Le glycogène peut aussi être emmagasiné dans les muscles. Ce processus est appelé *glycogénogénèse.*

Lorsque les réserves en glycogène sont suffisantes dans le foie et les muscles, les cellules hépatiques vont transformer le glucose en graisse et l'emmagasiner dans le tissu adipeux (*lipogénèse*).

Quand le taux de sucre sanguin diminue et que les glucides alimentaires sont insuffisants, le glycogène emmagasiné est décomposé en glucose par le foie, c'est la *glycogénolyse.* Il faut noter que les enzymes nécessaires à la conversion du glycogène en glucose sont stimulées par le glucagon provenant du pancréas et par l'adrénaline, provenant des surrénales.

Lorsque les réserves de glucose et de glycogène s'épuisent, le foie fabriquera du glucose à partir des graisses et des protéines. Ce processus se nomme la *gluconéogénèse* et il est stimulé par

- le cortisol et l'adrénaline provenant des surrénales,
- la thyroxine provenant de la thyroïde,

- le glucagon provenant du pancréas,
- l'hormone de croissance provenant de l'hypophyse.

2° LE PANCRÉAS

Il joue un rôle très important dans la régulation de la glycémie. Il sécrète deux hormones, l'une hypoglycémiante, l'insuline et l'autre hyperglycémiante, le glucagon.

La partie endocrine du pancréas est composée d'amas de cellules appelées les îlots de Langerhans. Parmi celles-ci, on retrouve deux types de cellules :

- – Les cellules Alpha, qui sécrètent le glucacon ;
- – Les cellules Bêta, qui sécrètent l'insuline.

Le glucagon produit par les cellules Alpha est une hormone dont l'action physiologique principale consiste à augmenter le taux de sucre sanguin. Il produit cet effet en accélérant la conversion en glucose du glycogène contenu dans le foie (glycogénolyse), ou la reconversion en glucose des lipides et des protéines (gluconeogénèse). Le foie libère alors le glucose et le taux de glucose sanguin s'élève.

La sécrétion du glucagon est réglée par le taux de glucose sanguin. Quand ce dernier chute, la production de glucagon est stimulée et quand il s'élève, la production est ralentie.

L'insuline, hormone produite par les cellules Bêta, sert à réduire le taux de glucose sanguin. Elle accélère le transport du glucose à partir du sang vers les cellules, notamment celles des muscles. Elle accélère la conversion du glucose en glycogène et réduit la glycogénolyse et la gluconéogénèse. Elle stimule également la conversion du glucose en graisse et favorise la synthèse protéique.

La régulation de la sécrétion d'insuline est aussi déterminée par le taux de glucose sanguin.

3° LES GLANDES SURRÉNALES

Elles sont situées au dessus des reins et sont formées de deux parties distinctes, la médullo-surrénale et la cortico-surrénale.

La médullo-surrénale sécrète une hormone appelée l'adrénaline. Parmi ses multiples fonctions, l'adrénaline intervient dans la glycémie en élevant le taux de glucose sanguin : elle stimule la dégradation du glycogène, augmente la glycogénolyse et diminue l'entrée du glucose dans les muscles.

La cortico-surrénale sécrète des glucocorticoïdes et, entre autres, une hormone : le cortisol. Le cortisol permet aussi une augmentation du glucose sanguin en forçant la transformation du glycogène du foie en glucose et en libérant de la glycérine des tissus adipeux, afin qu'elle soit transformée en glucose.

4° LA GLANDE THYROÏDE

Elle sécrète des hormones thyroïdiennes et exerce trois effets principaux sur l'organisme :

– La régulation du métabolisme ;
– La régulation de la croissance et du développement ;
– La régulation de l'activité du système nerveux.

Les hormones thyroïdiennes stimulent tous les aspects de la dégradation des glucides et des lipides. Pour élever le taux de sucre sanguin, elles stimulent la production du glucose à partir du glycogène du foie. Elles améliorent aussi la synthèse des protéines qui pourront être utilisées plus tard pour fabriquer du glucose.

Elles stimulent aussi l'activité de la cortico-surrénale, qui agit sur le foie pour libérer le glucose à partir du glycogène.

5° L'HYPOPHYSE

Le lobe antérieur de l'hypophyse sécrète une hormone, la somatotrophine, qui est l'hormone de croissance. Elle a une action hyperglycémiante, accélérant la vitesse à laquelle le glycogène emmagasiné dans le foie est converti en glucose et libéré dans le sang. Elle diminue la fixation du glycogène dans les muscles et l'utilisation du glucose par les tissus. Elle favorise la transformation des lipides en glucose (gluconéogénèse).

La production de somatotrophine est stimulée par un taux insuffisant de glucose sanguin.

En conclusion, on peut voir que l'hypoglycémie et la candidose peuvent se produire simultanément — ou être la conséquence l'une de l'autre — car une alimentation déficiente (excès de sucre, etc.) et des mauvaises habitudes de vie sont souvent à la source de ces deux problèmes.

L'HYPOTHYROÏDIE

Plusieurs thérapeutes ont remarqué que certains de leur patients aux prises avec un problème de candidose souffraient en même temps de dérèglements hormonaux et notamment d'hypothyroïdie. À surveiller, en particulier, les patients fragiles, qui ne récupèrent pas vite, ou dont certains symptômes persistent : fatigue, dépression, frissons, constipation et menstruations irrégulières.

LE RÔLE DE L'IODE

Ces mêmes patients étaient aussi carencés en iode. Pour fonctionner adéquatement, la glande thyroïde a besoin de cet oligo-élément essentiel.

L'iode est nécessaire à la formation des hormones thyroï-diennes et de certaines enzymes impliquées dans l'immunité cellulaire. Les symptômes de l'hypothyroïdie sont : la fatigue, un rythme cardiaque lent, de la paresse musculaire et intel-lectuelle, l'obésité, la constipation, de la frilosité, les cheveux clairsemés, la voix rauque, la peau écailleuse et le myxœdeme (poche sous les yeux et figure bouffie). Certains de ces symptômes peuvent ressembler étrangement à ceux d'une candidose.

La candidose pouvant produire ses méfaits à peu près partout dans le corps, peut venir inhiber les fonctions du système hormonal et causer l'hypothyroïdie, mais c'est peut-être plus en raison d'une carence en iode que les patients atteints de candidose souffrent d'hypothyroïdie.

Rôle des hormones sexuelles

On a pu constater également que la croissance du *Candida albicans* est stimulée par un taux trop élevé d'hormones sexuelles, l'œstrogène et la progestérone. Ces deux hormones ont aussi la capacité d'inhiber la fonction des hormones thyroïdiennes.

Rôle des habitudes alimentaires

Mais plus importantes encore sont les habitudes alimentaires. L'alimentation des temps modernes comporte une omniprésence du sucre, des hydrates de carbone raffinés et de caféine, qui sont tous de puissants stimulants de la glande thyroïde. Sous l'effet de la surstimulation, la glande thyroïde va simplement s'affaiblir et devenir hypoactive. Comme nous l'avons vu, ces mêmes aliments jouent un rôle très important dans le développement du *Candida albicans*.

Est-il surprenant de voir des gens aux prises simultanément avec la candidose et l'hyperthyroïdie ?

LE SYNDROME PRÉMENSTRUEL

Le syndrome prémenstruel (SPM) est un autre problème souvent rencontré chez les femmes atteintes de candidose.

Les causes du SPM

Le SPM est le résultat d'un déséquilibre dans les proportions de progestérone et d'œstrogène. Ces deux hormones règlent le cycle menstruel et ont une influence sur plusieurs autres parties du corps, entre autre le cerveau.

C'est le déséquilibre entre ces deux hormones qui provoque les symptômes que ressentent les femmes atteintes du SPM. Ces symptômes sont nombreux mais les plus fréquents sont les suivants :

- L'anxiété, des sautes d'humeur, de l'irritabilité, de l'agressivité, de l'insomnie, des dépressions, des pleurs soudains et sans raison apparente, des maux de tête ;

- Des rages de sucre, sel ou autre aliment;
- La fatigue;
- La rétention d'eau;
- Des douleurs aux seins;
- Des ballonnements, des crampes, etc.

SPM ET CANDIDOSE

Le Candida peut-il être responsable du SPM ? Effectivement, il peut y contribuer. Le *Candida albicans*, sous sa forme mycélienne, peut sécréter une hormone qui ressemble beaucoup à l'œstrogène produite par le corps, mais dont l'efficacité n'est que de 1/100 %. Cette hormone, en se fixant sur les récepteurs d'œstrogène, se substitue à l'œstrogène naturellement produite par le corps. Les cellules devront alors se contenter d'œstrogène efficace à 1/100 %.

Ce phénomène engendre alors une élévation d'œstrogène dans le sang et crée un déséquilibre entre les taux d'œstrogène et de progestérone, cause fondamentale des symptômes du SPM.

L'excès d'œstrogène a pour effet de stimuler le Système Nerveux Central, ce qui occasionne la libération de substances chimiques au niveau du cerveau, responsables de symptômes tels que l'anxiété, l'irritabilité, l'hostilité, la tension nerveuse, des palpitations, un manque de concentration, de la rétention d'eau, etc.

Il favorise aussi la libération de la dopamine, qui est anti-dépresseur mais aussi diurétique, donc responsable des périodes de dépression ainsi que de l'œdème ou de la rétention d'eau.

Il diminue le taux de sucre sanguin et provoque des symptômes semblables à ceux de l'hypoglycémie, entre autres les rages de sucre, la fatigue et la dépression.

Comme dans toute pathologie, la candidose n'est pas la seule coupable du syndrome prémenstruel. Cependant, les conditions propices à une prolifération du *Candida albicans* (mauvaises habitudes alimentaires, carences, stress, etc.) sont les mêmes que celles qui perturbent le système hormonal et provoquent le syndrome prémenstruel.

LES MALADIES AUTO-IMMUNITAIRES

Elles sont causées par un déséquilibre immunitaire au cours duquel le corps produit des anticorps contre ses propres cellules, ce qui occasionne des lésions aux tissus (inflammation). Des exemples de maladies auto-immunitaires : la maladie de Crohn, le psoriasis, la sclérose en plaque, le lupus érythémateux, l'arthrite rhumatoïde, la myasthénie gravis et l'anémie hémolitique [12].

La présence d'anticorps auto-immunitaires a été décelée chez les patients atteints de candidose [13].

On a aussi des indices que le *Candida albicans* peut interférer avec les cellules du système immunitaire [14].

Lors d'une expérience consistant à injecter un antigène à un fœtus, ou à l'exposer de façon continue à un antigène — qui peut être une levure de type Candida — les lymphocytes dans leur sites de maturation avaient tendance à auto-détruire leurs propres tissus [15].

Différents facteurs peuvent intervenir dans les maladies auto-immunitaires :

– Le facteur immunologique ;

– Un défaut génétique ;

– Les suites d'une infection.

Le troisième facteur est celui qui nous concerne le plus. Dans ce cas, le *Candida albicans* peut être l'agent infectieux qui viendra perturber les fonctions d'une ou plusieurs catégories de cellules immunitaires et causer un dérèglement dans la perception du système immunitaire.

Les maladies auto-immunitaires, ainsi que toutes les maladies provenant d'un dérèglement du système immunitaire, peuvent engendrer la prolifération du *Candida albicans*. Inversement, la présence du Candida peut engendrer la confusion dans les fonctions du système immunitaire et causer son dérèglement.

PROBLÈMES DIVERS

À la lumière de plusieurs cas de rémissions à l'occasion d'un programme anti-candidose, on soupçonne que le *Candida albicans* peut être la source de plusieurs autres problèmes de santé.

L'acné, la schizophrénie, l'asthme, la fièvre des foins, les conjonctivites, l'autisme, l'arthrite, le prolapse de la valve mitrate, les suicides, la septicémie n'en sont que quelques exemples.

CONCLUSION

L'importance qu'on accorde présentement au *Candida albicans* est loin d'être une mode ou le fruit de l'imagination. Les méfaits de la candidose sont très réels et ils existent depuis longtemps.

Ce problème était moins évident autrefois, surtout parce que les sources d'alimentation et le régime de vie de nos ancêtres étaient beaucoup plus sains. Depuis quelques décennies, nous sommes agressés simultanément par la consommation de denrées dénaturées et de médicaments, la multiplication des agents de stress, le manque d'exercice et enfin, la pollution croissante.

Je constate tous les jours dans mon expérience clinique que les points de repère regroupés dans ce livre vous aideront à améliorer ou à recouvrer votre santé.

Avec ce livre, j'ai voulu contribuer à la compréhension des risques auxquels nous sommes exposés et aux limites des défenses naturelles dont nous disposons. Je pense que vous en serez venus aussi à la conclusion suivante : nous ne pouvons pas nous contenter d'adopter passivement les habitudes de vie et d'alimentation qui dominent aujourd'hui.

Mon rôle en tant que Naturopathe, praticien de la santé, est de guider les gens dans cette direction, mais vous seul pouvez faire les choix quotidiens qui s'imposent.

La candidose témoigne de toutes les complications qui peuvent se produire lorsqu'un organisme a été malmené ou qu'il est déficient. C'EST UN SIGNAL D'ALARME!!!

Dans la Bible, quelques passages font référence à l'alimentation. Dans le livre de Daniel (I : 12–17), écrit 600 ans avant Jésus-Christ, on trouve ce passage qui devrait nous faire prendre conscience de l'importance d'une saine l'alimentation :

> Je t'en prie, fais un essai avec nous pendant dix jours : qu'on nous donne seulement des légumes à manger et de l'eau à boire. Ensuite tu compareras notre mine à celle des jeunes gens qui consomment la même nourriture que le roi. À ce moment-là tu agiras envers nous d'après ce que tu auras vu.
>
> L'homme accepta cette proposition et fit un essai de dix jours avec Daniel et ses compagnons. À la fin de cette période, on put constater qu'ils avaient meilleure mine et étaient mieux nourris que les jeunes gens à qui on avait servi des mets de la table royale. C'est pourquoi l'homme responsable d'eux continua d'écarter la nourriture et le vin qu'on leur fournissait : il leur donnait seulement des légumes.

J'espère que ce livre vous aura encouragé à une plus grande vigilance et que vous ferez les premiers pas vers la santé. Vous en serez grandement récompensé et moi aussi.

LE METEI-SHO

CANDIDOSE ET ACÉTALDÉHYDE

L'acétaldéhyde compte parmi les toxines que le *Candida albicans* peut mettre en circulation dans l'organisme. L'acétaldéhyde est en fait responsable d'une grande partie des dommages et des symptômes reliés à la candidose.

Les féculents ou autres hydrates de carbone consommés par un individu sont fermentés en acétaldéhyde dans son système gastro-intestinal. L'acétaldéhyde pénètre alors dans le sang et manifeste des symptômes semblables à ceux que produit l'alcool. Le nom de *Metei-sho* a été donné à ce syndrome par le Japonais K. Iwata [16]. L'acétaldéhyde est le facteur responsable des effets secondaires et toxiques de la surconsommation d'alcool.

ACÉTALDÉHYDE ET RADICAUX LIBRES

L'acétaldéhyde provoque des dommages aux globules rouges, diminue le transport d'oxygène vers les tissus et bloque la transmission de certains neurotransmetteurs. Ces effets perturbent particulièrement les fonctions du cerveau et du système nerveux. L'acétaldéhyde peut interrompre le processus d'assimilation et nuire au fonctionnement des globules blancs, donc réduire l'efficacité du système immunitaire.

L'acétaldéhyde crée des radicaux libres dans l'organisme. Ces derniers sont des molécules instables qui perturbent le fonctionnement des cellules saines. Notons que l'acétaldéhyde n'est pas le seul formateur de radicaux libres. L'organisme en produit normalement lors du métabolisme cellulaire ou de la phagocytose. Nous sommes aussi exposés à bien d'autres agents producteurs de radicaux libres : polluants, radiations, surexposition au soleil, surmenage, certaines carences alimentaires, le vieillissement et le stress émotionnel (inquiétude, dépression).

Le corps est normalement équipé pour lutter contre une partie de ces radicaux libres, mais lorsqu'il y en a un excès, les cellules

endommagées ne peuvent plus assurer leurs fonctions conve-
nablement.

L'excès d'acétaldéhyde lors d'une candidose peut créer des
liens anormaux entre certaines molécules et prédisposer au
vieillissement prématuré, à l'artériosclérose, endommager l'ADN
(le code génétique de la cellule), promouvoir le fonctionnement
anormal des cellules, causer des anomalies à la naissance, parfois
même le cancer. Si ce processus se produit dans les poumons,
l'individu souffrira d'emphysème [17].

La production d'acétaldéhyde, notamment à titre de toxine
produite par le *Candida albicans*, tire profit d'un environnement
pauvre en oxygène. L'attention portée à notre alimentation et à
l'exercice physique sont donc complémentaires dans un
programme équilibré de traitement de la candidose.

ADDITIFS, AGENTS DE CONSERVATION ET COLORANTS

Plusieurs aliments vendus dans les supermarchés contiennent des additifs, des agents de conservation et des colorants. Invisibles, inodores et le plus souvent insipides, ils passent inaperçus et on se méfie trop peu de leurs méfaits.

On constate dans les **tableaux** des pages suivantes les risques associés à leur présence : il faut les éviter à tout prix.

Les additifs sont utilisés pour rehausser la saveur, retarder la dégradation des aliments périssables et prolonger leur durée de conservation, déguiser le goût des produits de qualité inférieure, empêcher le brunissement des conserves de même que le rancissement des huiles et margarines.

AGENTS DE CONSERVATION

Prévenant la croissance de micro-organismes, la dégradation et la formation de moisissures, ces agents facilitent la conservation.

Aliments à surveiller : on les retrouve dans le pain, le remplissage à tarte en conserve, les sirops et quelques fromages.

Les plus utilisés sont :
- le propyle gallate,
- le bioxyde de soufre,
- le sucre, le sel et le vinaigre.

Effets secondaires : ils ont tous un effet toxique et sont une source importante d'irritation.

COLORANTS

Ils sont utilisés dans presque tous les produits transformés dans le but de leur garder une couleur attrayante. Le caractère cancérigène des colorants est reconnu.

Aliments à surveiller : les boissons en poudre offertes en enveloppe, les gélatines sucrées, le caramel, les bonbons, les boissons aux fruits, la plupart des crèmes glacées, les cerises au marasquin, les *popsicles*, les boissons gazeuses, le remplissage à tarte, quelques yogourts aux fruits, les pouddings, les craquelins, les croustilles, le popcorn et autres grignotines du genre.

Effets secondaires : asthme, éruption cutanée, écoulement nasal, yeux larmoyants, vision embrouillée, œdème, diminution de la coagulation sanguine et hyperactivité chez l'enfant.

ADDITIFS LES PLUS FRÉQUENTS

	ALIMENTS À SURVEILLER	EFFETS SECONDAIRES
GOMME D'ACACIA	Bonbons durs et mous, glaçages, gomme à mâcher et boissons gazeuses	Allergies, asthme, éruption cutanée, anomalies congénitales
ACIDE ALGINIQUE	Crème glacée, sorbets, fromage à tartiner, pouddings et vinaigrettes commerciales	Complications de la grossesse, déformations congénitales, mort du fœtus chez les animaux
ACIDE BENZOÏQUE	Gelées, confitures, margarines, bière, marinades, boissons gazeuses, certains jus de fruits, cerises au marasquin, hareng mariné et la sauce barbecue	Irritation gastro-intestinale, asthme, éruption cutanée, démangeaison, irritation des yeux et des muqueuses, troubles neurologiques et hyperactivité (enfants)
BHA ET BHT	Gomme à mâcher, bonbons, pommes de terre instantanées, céréales, gélatine, mélanges en poudre (desserts et breuvages), graisses végétales, saucisses et viandes séchées à froid	Élévation du cholestérol, allergies, dommage au foie, aux reins, impuissance, stérilité, troubles de comportement, immunité affaiblie (risque de cancer), carence en vitamine D
MONOSODIUM GLUTAMATE (MSG)	Mets chinois, substituts de sel, assaisonnements, soupes, condiments, saucisse, le porc et ses dérivés	Réactions allergiques, particulièrement les maux de tête, sensation de brûlement, pression au visage et à la poitrine, inflammation des yeux, rétention d'eau au cerveau, troubles nerveux et vasculaires
PROPYLE GALLATE	Huiles et graisses végétales, céréales sèches, bonbons, grignotines, produits laitiers congelés, et saveur dans certains breuvages	Irritation gastrique, asthme, réaction allergique, défaut de reproduction, dommage au foie et aux reins

PROBLÈMES DE SANTÉ VS ADDITIFS

ANÉMIE	Nitrate de potassium
ASTHME	Gomme d'acacia; acétal; sulfures; acide benzoïque; nitrates de potassium et sodium; gallates; benzoates de calcium, potassium, sodium; tartrazine
VISION EMBROUILLÉE	Colorant
CONSTIPATION	Hydroxyde d'aluminium
DÉPRESSION	Butylacétate; alcool; benzaldéhyde
DIARRHÉE	Acide acétique; alcool; EDTA; Capsicum; L-acide ascorbique; mannitol; MSG; bromate de potassium; sorbitol
ÉTOURDISSEMENTS	MSG; nitrate de sodium
ŒDÈME	Acétate de sodium; colorants; charbon; goudron
SOIF EXCESSIVE ET TAUX ÉLEVÉ DE GLUCOSE SANGUIN	Glycérol
FLATULENCE	Agar-agar; gomme de guar; pectine; sorbitol
TROUBLES GASTRO-INTESTINAUX	Acide acétique; nicotinate d'aluminium; sulfates d'aluminium, de potassium; chlorures; bicarbonate d'ammonium; acide benzoïque; chlorure de calcium; EDTA; Capsicum; gomme de guar; glutamate; chlorure de potassium; propyle gallate; nitrates; colorants
FIÈVRE DES FOINS	Tartrazine; fécule de maïs
MAUX DE TÊTE	Glycérol; MSG; propionate de sodium; nitrates
HYPERTENSION ARTÉRIELLE	Acétal; colorants; MSG
DÉMANGEAISONS	Colorants; MSG
TROUBLES RÉNAUX	Sulfures; chlorure d'ammonium; bromure; EDTA; L-acide ascorbique (en grande quantité); sulfate de magnésium (sel d'Epsom); stéarates
TROUBLES DU FOIE	Sulfures; chlorures; gallates
NAUSÉES	Chlorures d'ammonium et potassium; biphényl; glycérol; gomme de guar; mannitol; MSG; nitrates; colorants
ÉRUPTIONS CUTANÉES	Gomme d'acacia; acide acétique; sulfates; acide benzoïque; peroxyde; bâton de cannelle; stéarates; benzoates de calcium, potassium, sodium; tartrazine; colorants

NOTES

(1)   Michael J. Pelczar jr., *Elements of Microbiology*
(McGraw-Hill Books, 1981), p. 138.

(2)   Roy L. Hopfer, *Mycology of Candida Infections*,
(éds.) G.P. Bosley et V. Fainstein (New York: Raven Press, 1985).

(3)   Ibid.

(4)   William H. Lee, *The Friendly Bacteria*
(New Canaan, CT: Keats Publishing, 1988), p. 13.

(5)   Édouard Brochu, bactériologiste, "Companion for Human Being"
(brochure).

(6)   Édouard Brochu, bactériologiste, "*Streptococcus faecium* Clinical
Literature" (brochure).

(7)   Édouard Brochu, bactériologiste, Rosell Institute Inc.,
"Lecture delivered at the Canadian Health Food Association
Annual Convention and Trade Show" (August 10th 1986).

(8)   Jeffrey Bland Ph.D., Candida albicans : *An Unsuspected Problem*
et Leo D. Galland M.D., *A Year in Nutritional Medecine* (1986),
p. 214.

(9)   Guy Bohémier, *L'exercice pour tous*
(Montréal, Éditions du Jour, 1969), p. 17.

(10) Stephen A. Levine Ph.D. et Parris M. Kidd Ph.D.,
"Oxygen-Immunity, Cancer and *Candida albicans*, The Pivotal
Role of Oxygen in Resistance to Disease", *Let's Live* # 2.

(11) Déva et James Bek, *Les endorphines*
(Éditions Le souffle d'or, 1987), p. 149.

(12) Dr. William Crook, *The Yeast Connection – A Medical Breakthrough*
(Jackson, TN: Professional Books, 3ᵉ édition, 1986), p. 219.

(13) John P. Trowbridge M.D. et Morton Walker D.P.M.,
The Yeast Syndrome (New-York, NY et Toronto, Ont.: Bantam
Books, 1986), p. 36.

(14) C. Orion Truss M.D., *The Role of* Candida albicans *in Human
Illness*, (September Symposium 1981, Birmingham, AL).

(15) Arthur C. Guyton M.D., *Human Physiology and Mechanism of
Disease* (W.B. Saunders, 4ᵉ édition, 1987).

(16) Dr. William Crook, *The Yeast Connection – A Medical Breakthrough*
(Jackson, TN: Professional Books, 3ᵉ édition, 1986), p. 274.

(17) Dr. Donsbach, *Alcohol* (International Institute of Natural Health
Sciences Inc., 1981), p. 8.

BIBLIOGRAPHIE

Anatomie et physiologie.
Spence & Mason (éds), Éditions du renouveau pédagogique Inc., 1983.

Appleton, Nancy, Ph.D.
Lick the Sugar Habit. Warner Books, 1985.

Bek, Déva et James
Les endorphines. Éditions Le souffle d'or, 1987.

Berger, Stuart M., M.D.
Dr. Berger's Immune Power Diet. New America Library, 1986.

Bergey's Manual of Determinative Bacteriology.
R.E. Buchanan & N.E. Gibbons (eds), 8e édition, The Williams & Wilkins Company, Baltimore, Md .

Bohémier, Guy
L'exercice physique pour tous. Éditions du Jour, Montréal, 1969.

Chartow, Léon
Candida albicans. Thorsons Publishing Group, 1985.

Compendium des produits et spécialités pharmaceutiques.
24e édition, 1989.

Complete Book of Minerals for Health (The).
Rodale Press, 1981.
Complete Book of Vitamins (The).
Rodale Press, 1977.

Crisafi, Daniel J.
Candida – L'autre maladie du siècle. Forma, Montréal, 1987.

Crook, William G., M.D.
Dr. Crook Discusses Yeasts. Professional Books, Jackson, TN, 1986.

Crook, William G., M.D.
The Yeast Connection – A Medical Breakthrough . 3e édition, Professional Books, Jackson, TN, 1986.

de Schepper, Luc, M.D., Ph. D., C.A.
Candida. 1986.

Donsbach (Dr.)
Candida albicans and Systemic Candidiasis. Wholistic Publishers, 1988.

Donsbach (Dr.)
Diabetes. International Institute of Natural Health Science Inc., 1981.

Donsbach (Dr.)
Alcohol. International Institute of Natural Health Sciences Inc., 1981.

Erasmus, Udo
Fats and Oils. Alive, 1986.

Garrison, Robert H. jr., M.A. RPH. et Elizabeth Somer, M.A.
The Nutrition Desk Reference. Keats Publishing Inc., 1985.

Graham, Judy
Evening Primerose Oils. Healing Arts Press, 1989.

Guyton, Arthur C., M.D.
Human Physiology and Mechanism of Disease. 4e édition,
W.B. Saunders, 1987.

Guyton, Arthur C., M.D.
Textbook of Medical Physiology. W.B. Saunders, 7e édition, 1986.

Harper, H.A.
Précis de biochimie. 5e édition française, Les Presses de l'Université
Laval, Québec, 1982.

Jurasunas, Prof. Serge
Le lapacho et le cancer – L'arbre miraculeux des Incas.
Éditions Aquarius S.A., Genève, Suisse, 1989.

Kousmine, C.
Soyez bien dans votre assiette. Primeur Sand, 1985.

L'admirable machine humaine.
(traduit par Jacques Gurod), Édition France Loisir, 1986.

Lau, Benjamin, M.D.
Garlic for Health. Lotus Light Publications, 1988.

Lee, William H., Ph.D.
The Friendly Bacteria. Keats Publishing, 1988.

Levine, Stephen A., Ph.D. et Parris M. Kidd, Ph.D
Antioxydant Adaptation. Biocurrents Division and Sisu Enterprises
Canada, 1986.

Lorenzani, Shirley, Ph.D.
Candida, a Twentieth Century Disease. Keats Publishing Inc., 1986.

Marleau, Jeanne D'Arc
Guide d'hygiène de vie pour hypoglycémique. Édition d'Arc, 1988.

Merk Manual (The)
15e édition, 1987.

Mindell, Earl
Shape up with Vitamins. Warner Books, 1985.

Mindell, Earl
Unsafe at Any Meal. Warner Books, 1987.

Mongeau, Dr Serge et Marie-Claude Roy, L. Ph.
Dictionnaire des médicaments de A à Z. Éditions Québec/Amérique, 1988.

Pauling, Linus
Profitez des vitamines. Primeur Sand, 1988.

Pelczar, Michael J. jr.
Elements of Microbiology. McGraw-Hill Book, 1981.

Roquebert, Marie-France
Moisissure – Nuisances et biotechnologies. Jean-Paul Bertrand (éd.), coll. Science et découvertes, Le Rocher, 1986.

Robbins Pathologic Basis of Disease.
Cutran, Kumar, Robbins (éds.), 4ᵉ édition, W.B. Saunders, 1989.

Rubin, Donald O., M.D. et Clara Felix
The Omega 3 Phenomenon. Avon Books, 1987.

Santillo, Humbart
Food Enzyme the Missing Link to Radiant Health. Hormpress, 1987.

Smith, Lendon, M.D.
Feed Your Kids Right. Dell Publishing, 1984.

Starenkyj, Danièle
Le mal du sucre. Publications Orion Inc., 1981.

Tortora, Gérard et Nicholas P. Anagnostakos
Principes d'anatomie et de physiologie. Centre Éducatif et Culturel inc., 1988.

Trowbridge, John Parks, M.D. et Morton Walker, D.P.M.
The Yeast Syndrome. Bantam Books, 1986.

Trowbridge, John Parks, M.D. et Morton Walker, D.P.M.
Yeast Related Illnesses. Devin-Adair, Publishers, 1987.

Walker, Norman W.
The Colon Health. Norwalk Press, 1979.

Werback, Melvyn R., M.D.
Nutritional Influences on Illness. Keats Publishing, 1987.

TABLE DES MATIÈRES

INTRODUCTION 7

CHAPITRE 1
QU'EST CE QUE LE CANDIDA ALBICANS ? 9
    PARTICULARITÉS DES LEVURES   10
    LA FORME MYCÉLIENNE   11
    LE MÉCANISME DE LA CANDIDOSE   12
    HISTORIQUE   13

CHAPITRE 2
LES CAUSES DE SON DÉVELOPPEMENT 15

A. LA FLORE BACTÉRIENNE   16

B. LE SYSTÈME IMMUNITAIRE   16
    LA RÉSISTANCE NON SPÉCIFIQUE   17
    L'IMMUNITÉ OU LA RÉSISTANCE SPÉCIFIQUE   20

C. LES CONDITIONS PROPICES
   À LA CROISSANCE DU CANDIDA   24

CHAPITRE 3
LES SYMPTÔMES DE LA CANDIDOSE 27
    VUE D'ENSEMBLE   28
    QUESTIONNAIRE   29

CHAPITRE 4
CONTRÔLER LE CANDIDA 35

A. AFFAMER LA LEVURE   36

B. REFAIRE LA FLORE BACTÉRIENNE   39
    LE LACTOBACILLUS ACIDOPHILUS   39
    LE LACTOBACILLUS BIFIDUS   40
    LE STREPTOCOCCUS FAECIUM   41
    LE LACTOBACILLUS RHAMNOSUS OU CASEI   41
    LE LAIT FERMENTÉ   42

C. RENFORCER LE SYSTÈME IMMUNITAIRE   42

    ARRÊTER DE L'AFFAIBLIR   42

    COMBLER LES CARENCES   43

    RÔLE DES VITAMINES, MINÉRAUX
    ET AUTRES NUTRIMENTS DANS L'IMMUNITÉ   43

D. RÉSOUDRE LE STRESS   52

    LA CORTICO-SURRÉNALE   52

    LA MÉDULLO-SURRÉNALE   53

    CONSÉQUENCES DU STRESS   54

E. RÉTABLIR L'ÉQUILIBRE ACIDO-BASIQUE   55

F. DÉTRUIRE LE CANDIDA   56

    EN MÉDECINE CONVENTIONNELLE   56

    LES ALTERNATIVES NATURELLES   58

    LA RÉACTION HERXHEIMER   60

CHAPITRE 5
LES AUTRES FACTEURS À SURVEILLER 61

A. L'ASPECT PSYCHOLOGIQUE   61

B. L'HYGIÈNE INTESTINALE   63

C. L'EXERCICE PHYSIQUE   65

CHAPITRE 6
CANDIDA ET AUTRES PATHOLOGIES 67

    LES ALLERGIES OU HYPERSENSIBILITES   67

    L'HYPOGLYCÉMIE   71

    L'HYPOTHYROÏDIE   75

    LE SYNDROME PRÉMENSTRUEL   76

    LES MALADIES AUTO-IMMUNITAIRES   78

    PROBLÈMES DIVERS   79

CONCLUSION 81

ANNEXES 83

A. LE METEI-SHO   83

B. ADDITIFS,
    AGENTS DE CONSERVATION ET COLORANTS   85

NOTES 88

BIBLIOGRAPHIE 89

LES CONSEILS CULINAIRES DE DENISE-HÉLÈNE

Des conseils culinaires sont de mise quand on remet en question ses habitudes alimentaires les plus ancrées. Nos lecteurs ou lectrices n'en sont pas tous au même point dans leur réflexion sur leur alimentation et plusieurs se trouvent complètement dépourvus face à ce défi : modifier efficacement — sans douleur et de façon cohérente — les techniques ainsi que plusieurs des ingrédients employés dans la préparation de nos aliments.

Au moment de procéder au deuxième tirage de ce livre, j'ai donc décidé de présenter quelques recettes de Denise-Hélène, naturothérapeute et diplômée en nutrition. Nous avons opté pour la variété dans la composition du menu en même temps que la simplicité dans sa préparation, en gardant à l'esprit l'éventail des situations concrètes : des tartinades qui trompent la faim, jusqu'aux plats principaux, en passant par les soupes, breuvages, etc.

On imagine mal un changement d'habitudes alimentaires qui ne comporterait pas de substitutions à des ingrédients précis. On se rafraîchira un peu la mémoire en examinant, aux pages 37 et 38, la liste des aliments à éviter et à rechercher. Les recettes de Denise-Hélène sont impeccables à ce sujet, et je conseille de revoir d'abord la liste d'ingrédients et de pratiques culinaires que j'ai regroupés dans les pages qui suivent. Les mérites de certains substituts moins connus employés dans ses recettes et quelques conseils sur les procédés de cuisson y sont présentés par ordre alphabétique, de façon à servir ensuite de glossaire : dans une liste d'ingrédients, la mention [•] signifie « Voir ce terme dans le glossaire. »

On n'insiste jamais assez sur l'importance d'un petit déjeuner suffisant. On se rendra vite compte, toutefois, des difficultés que cela comporte. C'est pourquoi nous avons réuni dans un premier groupe des recettes utiles pour résoudre le problème du déjeuner.

POUR DÉJEUNER

Muffins au maïs 103
Lait d'amandes 103
Beurre modifié 104
Caviar d'aubergine 104
Tartinade simili-fromage 104
Tartinade au miso 105
Délice de pépites 105
Crêpes à ma façon 105
Omelette à la luzerne 106
Beurre de caroube 106

LES BREUVAGES

Soyacat 107
Boisson moka 107
Boisson aux carottes 107
Boisson espérance 107
Lait mousseux au caroube 108
Cappucino santé 108

TARTINADES ET SAUCES

Sauce dorée à la courge 109
Sauce moutarde 109
Béchamel au paprika 110
Purée d'avocat au céleri 110
Trempette de doliques
à œil noir 111
Mayonnaise au cari 111
Mousse au tofu rose 112
Gomashio aux algues 112
Ma tartine préférée 113
Tartinade pour les enfants 113
Soyanaise 113

SOUPES ET POTAGES

Soupe chinoise santé 114
Potage printanier 114

Minestrone al pesto 115
Potage à l'épeautre 116
Velouté à la courge 116
Bouillon de légumes 117

LES PLATS PRINCIPAUX

Taboulin 118
Salade de spirales de quinoa .. 118
Assiette de fèves mung
germées 119
Escalope de millet 119
Pâté aux betteraves 120
Tempeh à l'uméboshe 120
Brocoli au gomashio 121
Fettucini avocado 122
Pommes de terre mousseline
aux pois verts cassés 122
Pommes de terre vapeur
à la sauce moutarde 123
Riz à l'aubergine 123
Végépâté 124

LES À-CÔTÉS UTILES

Oignons bio à la vapeur 125
Choucroute et
concombre minute 125
Pâté au tempeh 125
Petits pains musicaux
à l'épeautre 126
Pain à l'ail au kamut 126
Betteraves dorées 126
Salade « dépanneur » 126
Pistou au tofu 127
Poudding moka instantané 127
Poudding à l'avocat 127

QUELQUES CONSEILS PRATIQUES
EN FORME DE GLOSSAIRE

Breuvage aux herbes

Utilisé comme ingrédient dans plusieurs recettes, je me permets de recommander la marque *Nature's Sunshine* à cause de son bon goût. Je trouve aussi que c'est le meilleur substitut du café.

Caroube

Le caroube est un excellent substitut du chocolat, sans caféine et beaucoup moins gras.

Épeautre

En latin *Triticum spelta*, l'épeautre est un ancêtre du blé (*Triticum sativum*). Il convient à la plupart des personnes souffrant d'allergies au gluten du blé, grâce à sa composition génétique originale non modifiée. Il diffère aussi du blé en ce qu'il est très soluble dans l'eau et par conséquent très digestible. Il peut donc servir de substitut dans toute recette à base de blé.

L'épeautre renferme plus de protéines, de lipides et de fibres alimentaires que le blé. Contrairement à ce dernier, les éléments nutritifs de l'épeautre se retrouvent dans l'endosperme (l'amidon) du grain ; on peut donc retirer le son et le germe tout en gardant une bonne valeur nutritive (40 % plus de protéines et 65 % plus d'acides aminés).

L'absence du germe et de l'huile qu'il contient permet d'éviter le rancissement donc la farine se conserve beaucoup plus longtemps, durant des mois dans un endroit sec et à l'abri de la lumière.

Gomme de guar

En lisant les étiquettes sur les produits alimentaires, vous avez probalement remarqué que la gomme de guar revient souvent, entre autres dans le fromage cottage, les saucisses au tofu[•], etc. La gomme de guar est utilisée comme agent liant.

Il s'agit d'une fibre alimentaire soluble provenant d'une plante de la famille des légumineuses que l'on retrouve dans les régions arides comme le Pakistan et certaines régions du Texas. Pour obtenir la gomme proprement dite, on enlève d'abord la cosse et la première enveloppe des graines (l'endosperme) puis on procède à l'épuration. On obtient alors une poudre qui, au contact de l'eau, se transforme en gel.

On trouve la gomme de guar dans les magasins d'aliments naturels.

Selon certains travaux, un apport total quotidien de 15 g (3 c. à thé) par jour devrait avoir un effet bénéfique sur le taux de cholestérol et le péristaltisme intestinal.

Herbamare : la question du sel

Ce produit est un sel végétal et il a un goût exquis.

Herbes salées : la question du sel

Les herbes salées sont un mélange d'herbes additionné de sel minier non traité, ne contenant pas d'iode. Je conseille les *Herbes salées du Bas-du-Fleuve*, faites de sel provenant des Îles de la Madeleine.

J'aime beaucoup ce mélange car il permet d'utiliser des herbes merveilleuses tout en diminuant notre consommation de sel commercial.

Kamut

Comme le blé, c'est un cousin de l'épeautre[•] et comme ce dernier, il ne contient que très peu de gluten.

Kuzu

Il remplace la fécule de maïs dans tous les plats. Le kuzu est une fécule alcaline végétale et non-allergène. Il est bénéfique pour les troubles du système digestif.

Lacto-fermentation

Ce procédé fait appel à des enzymes spéciales qui transforment le produit original tout en le rendant plus digestible. Il favorise la flore intestinale, stimule l'activité bactérienne dans l'intestin et améliore les propriétés de conservation des aliments.

Miso : utilisation du soya, du riz et de l'orge

Pâte de soya, de riz ou d'orge produite par lacto-fermentation[•]. Son goût varie selon le grain utilisé.

J'utilise le *Sheimindo* ou le *Shiro Miso*, à base de riz et le miso blanc, également à base de riz.

Quinoa

Il s'agit d'une céréale peu allergène, plus riche en protéines que les autres céréales et sans gluten.

Sarrasin : conseils pour la cuisson

Le sarrazin se cuit en 15 minutes. Mettre 1 ½ tasse (375 ml) d'eau dans un chaudron, porter à ébullition et ajouter 1 tasse (250 ml) de sarrasin. Baisser le feu, couvrir et laisser mijoter 15 minutes.

N'oubliez jamais de laver les céréales ou les grains avant de les faire cuire.

On peut aussi faire tremper le sarrasin pendant 8 heures en se basant sur les proportions recommandées ci-dessus et il ne sera même pas nécessaire de le cuire.

Sel de mer : la question du sel

Contrairement au sel commercial, il ne contient pas de sucre, n'est pas iodé chimiquement en laboratoire et il est riche en minéraux. On l'utilise aussi bien sous son apparence blanche que grise.

Shoyu : utilisation du soya

Il s'agit de tamari[•] produit sans utiliser de blé.

Soyco : utilisation du soya

Ce produit est fait à base de tofu[•] et il remplace le fromage parmesan.

Tahini

Le tahini est fait de graines de sésame décortiquées et moulues.

Tamari : utilisation du soya

Le tamari, c'est ce qu'on connaît sous le nom de « sauce soya » mais dans sa forme authentique : fermenté et fait à partir de la fève soya, de blé et de sel.

Tempeh : utilisation du soya

Fait de fèves soya traitées par lacto-fermentation[•]. Il s'agit d'une bonne source de protéines complètes, donc d'un substitut aux protéines d'origine animale.

Tofu : utilisation du soya

Fait à partir du soya, il s'agit d'une excellente source de protéines. Il en existe plusieurs sortes, classées selon leur consistance, la quantité d'eau ou le procédé de coagulation employé dans leur fabrication. On obtient alors un tofu ferme, mou ou soyeux. Dans les recettes présentées ici on utilise le *Mori-Nu* ou *Kikkoman* pour leur texture crémeuse; disponibles dans des contenants en carton, ils peuvent être conservés sur les étagères, ce qui est bien pratique.

Uméboshe

Cette pâte est faite de petites prunes japonaises traitées par lacto-fermentation[•] et son goût est salé. Alcalinisée, elle aide à la digestion et sert à la conservation de certains aliments.

Wok : conseils pour la cuisson

Chauffer d'abord le wok et le huiler ensuite en respectant un mouvement rotatif. La cuisson au wok demande très peu d'huile. Préparer tous les ingrédients et assaisonnements d'avance. Servir aussitôt que c'est prêt.

Faire revenir directement les légumes — technique empruntée à la cuisine orientale — constitue un moyen de préserver les éléments nutritifs volatils des végétaux. Rapidement chauffés et constamment remués dans un wok ou dans une poêle, les légumes émincés ont le temps de cuire tout en conservant leurs couleurs et en diminuant les pertes de nutriments.

Garder les légumes croquants et les choisir bien colorés. Mettre toujours du rouge, du vert et du jaune. Un régal pour la vue et le bedon !

POUR DÉJEUNER

MUFFINS AU MAÏS

1 tasse (250 ml) de farine de maïs
½ tasse (125 ml) de
farine d'épeautre[•]
2 c. à soupe de poudre à pâte
2 œufs

¼ tasse (60 ml) d'huile de
carthame ou de maïs
¾ tasse (180 ml) de lait de soya
1 ⅓ tasse de maïs frais
en grains ou congelé
Thym au goût (environ 1 c. à thé)

Dans un bol, mélanger les ingrédients secs sauf le maïs. Dans un autre bol, mélanger les liquides et le maïs. Incorporer les ingrédients secs aux liquides en battant juste assez pour humecter.

Remplir au ⅔ les moules à muffins huilés.

Cuire au four à 375 °F pendant 20 minutes ou plus, c'est-à-dire jusqu'à ce que les muffins soient dorés.

Ces muffins sont meilleurs servis chauds et ils peuvent être réchauffés.

☞ Pour avoir des muffins plus légers, séparer les blancs des jaunes d'œufs et ajouter ces derniers un à un au mélange liquide. Battre les blancs en neige et les incorporer au mélange final en remuant doucement.

LAIT D'AMANDES

1 tasse (250 ml) d'amandes nature blanches (pelées)
4 tasses (1 litre) d'eau distillée ou purifiée

Tremper les amandes dans l'eau pendant 2 à 3 heures. Liquéfier le tout au mélangeur et filtrer dans un linge de coton ou un filtre à gelée propre. Réfrigérer.

☞ Il n'est pas essentiel de filtrer le lait obtenu ni de peler les amandes, mais le lait sera un peu plus foncé.

Beurre modifié

½ livre de beurre non salé
½ tasse (125 ml) d'huile de tournesol pressée à froid

Mettre le beurre et l'huile au robot et mélanger jusqu'à ce que le tout soit lisse. Assaisonnements : pour une tasse (250 ml) du mélange, ajouter 1 c. à thé (5 ml) d'herbes salées[•], ou de fines herbes, ou de paprika, ou 2 c. à thé (10 ml) d'olives noires ou 1 c. à thé d'ail en purée

Caviar d'aubergine

2 aubergines moyennes (environ 20 cm, ou 8 pouces)	1 c. à soupe (15 ml) de jus de citron
1 oignon coupé finement	¼ tasse de persil haché
1 gousse d'ail	2 c. à thé d'herbes salées[•]
¼ tasse (60 ml) d'huile d'olive	2 œufs cuits dur

On peut cuire l'aubergine de deux façons :

- en tranches de 2,5 cm (1 pouce) cuites à la marguerite 20 minutes ou
- piquée à la fourchette et cuite au four à 400 °F (200 °C) environ une heure.

Laisser refroidir, enlever la pulpe et la mettre dans le robot (ou un mélangeur électrique). Donne environ 2 tasses de purée.

D'autre part sauter l'oignon dans 1 c. à soupe (15 ml) d'huile d'olive pendant 5 minutes, ou jusqu'à ce qu'il devienne transparent. Ajouter le reste de l'huile ainsi que tous les ingrédients dans le mélangeur et réduire en purée.

Servir comme trempette ou tartinade sur du pain ou des craquelins.

Tartinade simili-fromage

1 tasse (250 ml) de tofu[•] mou	⅓ tasse (90 ml) de noix d'acajou nature
2 c. à soupe (30 ml) de jus de citron	1 grosse c. à soupe de miso[•] blanc (à saveur douce)
1 petit poivron rouge	

Fouetter tous les ingrédients au mélangeur jusqu'à l'obtention d'une consistance lisse et crémeuse. Ce « fromage » épaissit en refroidissant.

Servir comme trempette avec des légumes ou comme tartinade avec du pain, des galettes de riz, des muffins au maïs. Peut remplacer la mayonnaise dans les sandwiches.

TARTINADE AU MISO

1 tasse (250 ml) de tofu[•] mou
¼ tasse (60 ml) de tahini[•]

2 c. à soupe (30 ml) de miso[•] blanc

Fouetter le tout au mélangeur jusqu'à l'obtention d'une consistance crémeuse. Servir comme trempette avec des légumes ou comme tartinade avec du pain ou des galettes de riz ou pour remplacer la mayonnaise dans les sandwiches. On appréciera aussi cette tartinade sur des crêpes ou des gaufres.

DÉLICE DE PÉPITES

½ tasse de brisures de caroube[•] non sucrées
½ à 1 tasse (125 à 250 ml) de lait de soya
3 gouttes d'essence de menthe ou d'amande (facultatif)

Faire fondre les brisures de caroube à feu doux (environ 2 minutes). Ajouter le lait de soya graduellement, jusqu'à ce qu'on obtienne la consistance d'une belle sauce lisse.

Le délice de pépites accompagne bien les crêpes ou les gaufres.

CRÊPES À MA FAÇON

2 tasses (500 ml) d'eau purifiée
¼ tasse (60 ml) de bouillon de légumes déshydraté sans sel
2 jaunes d'œuf (mettre les blancs de côté)

2 tasses (500 ml) de farine d'épeautre[•]
1 c. à thé (5 ml) de poudre à pâte
½ c. à thé (2 ml) de sel marin
½ c. à thé (2 ml) d'eau de rose

Battre les blancs d'œufs dans un bol à part. Mettre les autres ingrédients au mélangeur jusqu'à consistance lisse. Ajouter les blancs d'œufs battus. Plier avec une spatule. Laisser reposer 30 minutes ou préparer le tout la veille.

Ces crêpes sont légères et se mangent nature ou avec une tartinade.

    ❧ Pour changer le goût on peut ajouter ¼ tasse (60 ml) de graines moulues : sésame, lin, citrouille, tournesol, etc. La crêpe sera moins légère mais tout aussi délicieuse.

OMELETTE À LA LUZERNE

2 œufs

¼ tasse (60 ml) de tofu[•] mou

2 c. à soupe (30 ml) de tamari[•]

1 tasse (250 ml) de luzerne germée, ou autre germinations

½ c. à thé (2 ml) d'huile de carthame

Émietter le tofu, ajouter la sauce tamari et laisser mariner le temps de mélanger les œufs.

Mélanger les œufs avec un fouet jusqu'à ce qu'ils moussent.

Chauffer la poêle à feu moyen, ajouter l'huile et le mélange de tofu. Brasser et cuire deux minutes. Ajouter ensuite les œufs en continuant de brasser jusqu'à ce que les œufs soient cuits (deux à trois minutes). Fermer le feu.

Incorporer maintenant la luzerne en la pliant dans l'omelette. Servir immédiatement pour éviter de cuire la luzerne qui perdrait toutes ses propriétés et ses enzymes.

Ce déjeuner santé est délicieux en plus d'être énergétique et ne prend que quelques minutes à préparer. Vous l'apprécierez particulièrement avec du pain d'épeautre[•] ou de kamut[•].

BEURRE DE CAROUBE

¼ tasse (60 ml) de tahini[•]

2 c. à soupe (30 ml) d'eau tiède

1 c. à soupe (15 ml) de poudre de caroube[•]

Bien mélanger pour que le tout soit bien crémeux. Étendre sur des galettes de riz ou du pain. Voilà un petit dessert sans sucre.

    On peut remplacer le tahini par le beurre d'amande ou d'acajou.

LES BREUVAGES

SOYACAT

1 litre de lait de soya à la vanille 1 % de matières grasses
1 avocat bien mûr

Mettre le lait et l'avocat au mélangeur. Cette boisson protéinée est délicieuse et rafraîchissante.

BOISSON MOKA

¼ tasse (60 ml) de breuvage aux herbes[•] dans
1 tasse (250 ml) d'eau bouillante

Mélanger pour dissoudre la poudre du breuvage aux herbes et ajouter 1 litre de lait de soya vanille ou cacao. Parfumer de quelques gouttes d'essence de menthe ou de vanille.

Garder au réfrigérateur comme boisson froide.

BOISSON AUX CAROTTES

Passer une carotte à l'extracteur. Ajouter ⅔ tasse de lait de soya.

Ce breuvage est très nutritif : pris entre les repas, il aide à maintenir l'énergie d'un repas à l'autre. Peut se prendre avant les repas.

BOISSON ESPÉRANCE

Dans 1 tasse (250 ml) de lait de soya, ajouter 2 c. à soupe (30 ml) de chlorophylle liquide au goût de menthe (nous utilisons celle de *Nature's Sunshine*).

Ce breuvage est très rafraîchissant et purifie l'organisme.

   ❀   Au lieu du lait de soya, on peut utiliser le lait d'amande, d'acajou ou de tournesol.

LAIT MOUSSEUX AU CAROUBE

1 tasse (250 ml) de lait de soya au caroube[•]
½ c. à thé comble (5 ml) de gomme de guar[•]

Mettre le lait de soya au mélangeur. Pendant que le mélangeur est en marche, ajouter la gomme de guar et battre de 40 à 60 secondes.

Délicieux : un *milk shake* à s'y méprendre !

   ✌ Pour un lait mousseux à saveur de moka, ajouter 1 c. à thé de breuvage aux herbes[•].

CAPPUCINO SANTÉ

1 tasse (250 ml) de lait de soya au caroube[•]
1 c. à thé de breuvage aux herbes[•]
1 blanc d'œuf battu
¼ c. à thé (1 ml) de poudre de caroube[•]

Délayer le breuvage aux herbes dans le lait chaud, garnir avec le blanc d'œuf fouetté en neige et saupoudrer de poudre de caroube.

TARTINADES ET SAUCES

SAUCE DORÉE À LA COURGE

1 tasse (250 ml) de courge cuite
1 tasse (250 ml) de lait de soya nature
Herbamare[•] et muscade moulue

Mettre la courge cuite dans le mélangeur. Tout en brassant, ajouter doucement le lait de soya jusqu'à consistance d'une sauce béchamel. Assaisonner d'*Herbamare* et de muscade.

Cette sauce est peu calorifique et a une couleur superbe. Servir avec des légumes vapeur ou le pâté aux betteraves (*p. 120*).

Cuisson des courges

Toutes les courges se cuisent à la vapeur ou au four. La durée de cuisson varie selon la grosseur : de 15 ou 20 minutes pour les petites à 40 ou 60 minutes pour les plus grosses. Dans le cas de la cuisson au four, allouer 5 minutes de plus. Lorsqu'elles sont biologiques, on peut garder et manger leur pelure pourvu qu'on l'ait bien lavée.

SAUCE MOUTARDE

1 boîte de tofu[•] soyeux
1 c. à thé (5 ml) de moutarde en poudre
1 c. à thé (5 ml) d'herbes salées[•]
½ c. à thé (2 ml) de curcuma

Mettre tout dans un mélangeur et fouetter jusqu'à consistance lisse et crémeuse.

☞ Servir avec le pâté aux betteraves (*p. 120*), des crudités, des pommes de terre vapeur ou n'importe quel légume vert, par exemple.

Béchamel au paprika

4 petits oignons tranchés mince

2 c. à soupe (30 ml)
d'huile de carthame

2 c. à soupe (30 ml) de
paprika hongrois doux

2 c. à soupe (30 ml)
d'herbes salées[•]

¼ tasse (60 ml) de farine
d'épeautre[•] délayée dans
l'eau froide (évite les grumeaux)

2 c. à soupe (30 ml) de
jus de citron : ajouter
dans la farine délayée

¼ tasse (60 ml) de
lait de soya chaud

2 tasses (500 ml) de bouillon
de légumes chaud

Faire revenir les oignons dans l'huile jusqu'à ce qu'ils soient transparents. Ajouter le mélange farine et eau, brasser et cuire 2 minutes. Ajouter le lait chaud, le bouillon, le reste des ingrédients et brasser continuellement avec un fouet. Amener progressivement à ébullition et laisser mijoter à feu doux quelques minutes.

Servir avec les escalopes de millet (*p. 119*), sur le pâté aux betteraves (*p. 120*), les crêpes ou les gaufres, ou sur des légumes.

Purée d'avocat au céleri

2 avocats bien mûrs

1 tomate moyenne

1 petit cœur de céleri

½ poivron vert

le jus d'un demi citron

1 gousse d'ail pressée au presse ail
(ou haché très finement)

2 c. à soupe (30 ml) de
mayonnaise au cari (*p. 111*)

Couper l'avocat en deux, le peler après en avoir retiré le noyau. Couper la tomate en petits cubes. Couper le poivron en deux, enlever les graines et les parties blanches puis le couper en petits cubes.

Passer au mélangeur l'avocat, le jus de citron et la mayonnaise. Verser dans un bol, ajouter les tomates, le poivron, le céleri haché finement, l'ail et bien mélanger le tout.

Servir dans un joli plat avec des crudités ou des galettes de riz.

TREMPETTE DE DOLIQUES À ŒIL NOIR

¾ tasse (175 ml) de lait soya
½ tasse (125 ml) de beurre d'amande
¼ (60 ml) d'oignon haché
2 c. à soupe (30 ml) de tamari[•]

1 c. à soupe (15 ml) de jus citron
⅛ c. à thé de cayenne
Herbes salées[•] au goût
1 poivron rouge
10 olives noires

Les doliques à œil noir ne nécessitent aucun trempage. Elles cuisent en 45 minutes et contiennent plus de fibres solubles que tout autre haricot ou pois secs. Elles sont aussi les plus riches en fer. Elles sont mignonnes, vous les aimerez autant que moi !

Cuisson des doliques à œil noir :

Cuire à couvert, 1 ½ tasse (375 ml) de doliques à œil noir dans 4 tasses (1 litre) d'eau et 1 c. à thé (5 ml) de fines herbes. Portez à ébullition et laissez cuire à feu doux pendant 45 à 60 minutes ou jusqu'à ce qu'elles soient tendres. Égoutter et mettre de côté.

Pour la trempette :

Délayer le beurre d'amandes dans le lait de soya et mettre dans le mélangeur. Ajouter les doliques et le reste des ingrédients excepté le poivron rouge, bien mélanger le tout. Verser dans un bol à part.

Couper le poivron en petit cubes et incorporer au mélange de doliques et mélanger à la fourchette pour ne pas écraser le poivron. Décorer avec les olives noires.

MAYONNAISE AU CARI

1 tasse (250 ml) d'huile de carthame
1 œuf à la température de la pièce et 1 jaune d'œuf
Jus d'un demi citron
1 c. à thé (5 ml) de poudre de cari
Sel marin

Mettre au mélangeur l'œuf et le jaune d'œuf, ainsi que le jus de citron. Une fois le mélangeur en marche et pendant que le tout se brasse, ajouter doucement l'huile en filet : c'est très important ! Si vous manquez la mayonnaise, retirez le tout du mélangeur et versez de nouveau le tout en filet — vous devriez réussir. Ajoutez ensuite le cari et le sel.

MOUSSE AU TOFU ROSE

1 bloc de tofu[•] en boîte de 450 g

1 tasse (250 ml)
de lait de soya nature

¾ tasse (200 ml) de graines de
tournesol moulues

3 gousse d'ail émincées

1 pouce de gingembre râpé

1 betterave cuite 7 minutes

¼ tasse (60 ml) de shoyu[•]

4 c. à soupe (60 ml) d'agar-agar
en flocons

Faire mariner le tofu dans le lait de soya, le shoyu, l'ail, le gingembre et la betterave pendant 8 heures.

Passer au tamis, ne garder que le liquide et mettre de côté les ingrédients.

Prendre le liquide rose, ajouter l'agar-agar. Chauffer jusqu'à dissolution des flocons (5 à 8 minutes). Ajouter ce mélange au tofu, gingembre, ail, betterave et mettre le tout au mélangeur. Ajouter les graines de tournesol moulues, fouetter pendant une minute au mélangeur.

Vérifier l'assaisonnement. Si ce n'est pas assez salé, ajouter un peu de shoyu. Il faut que cette préparation soit bien assaisonnée car elle sera servie sur du pain, des craquelins ou des galettes.

Verser le tout dans un joli moule. Réfrigérer au moins deux heures avant de servir. Démouler sur des feuilles de laitue.

GOMASHIO AUX ALGUES

1 tasse (250 ml)
de graines de sésame

1 c. à thé (5 ml) de sel

1 feuille de nori

Le gomashio est un mélange de graines de sésame grillées et de sel. Verser les graines de sésame dans un tamis, les laver soigneusement sous l'eau et laisser égoutter.

Les déposer dans une poêle en fonte et les griller à feu moyen en tournant sans arrêt avec une cuillère en bois jusqu'à ce que les graines soient d'un blond doré et se mettent à sauter. Vous remarquerez aussi une odeur agréable. Les transférer dans un *suribashie* (bol avec de petites rainures qu'on peut se procurer dans les épiceries d'aliments naturels ou orientales).

Faire sauter le sel dans la même poêle et ajouter au sésame. Écraser avec un pilon (le pilon se vend généralement avec le *suribashie*). Chaque graine de sésame écrasée va libérer de l'huile qui enveloppera chaque particule de sel. Si vous n'avez pas de *suribashie*, vous pouvez utiliser un moulin à café électrique.

Griller la feuille de nori au-dessus d'un rond de poêle 10 secondes de chaque coté. L'algue nori noire devient verte. Vous la broyez dans la paume de vos mains et l'ajoutez à la préparation.

Ce condiment est délicieux et donne du goût à vos aliments.

 ✿ Vous pouvez remplacer le sel par des noix d'acajou, on appelle alors ce plat « gomajou ».

MA TARTINE PRÉFÉRÉE

½ avocat bien mûr pilé

1 gousse d'ail écrasée finement

½ tasse (125 ml) de luzerne ou de trèfle rouge germé

Galette de riz

Mélanger l'avocat et l'ail et étendre sur des galettes de riz. Garnir de germination et assaisonner d'*Herbamare* au goût.

TARTINADE POUR LES ENFANTS

1 bloc (250 g) de tofu[•] en boîte

4 c. à soupe (60 ml) de mayonnaise

2 c. à thé (10 ml) de shoyu[•]

Herbamare[•] si désiré

Luzerne, laitue ou des crudités finement rapées

Écraser le tofu à la fourchette, y mélanger les autres ingrédients et étendre entre 2 tranches de pain à l'épeautre[•] ou au kamut[•]. Couvrir de laitue, luzerne ou autre crudité.

 ✿ Varier les crudités, le type de tofu utilisé ou le pain.

SOYANAISE

1 tasse (250 ml) de tofu[•] soyeux

2 c. à soupe (30 ml) d'huile d'olive

2 c. à soupe(30 ml) de jus de citron

1 gousse d'ail

1 c. à thé de moutarde en poudre

½ c. à thé (2 ml) de sel marin

½ c. à thé (2 ml) de poudre d'oignon

5 feuilles de basilic frais ou ½ c. à thé de basilic séché

Mettre tout au mélangeur et fouetter jusqu'à consistance crémeuse. Excellent avec des crudités ou le pâté aux betteraves (*p. 120*).

SOUPES ET POTAGES

SOUPE CHINOISE SANTÉ

3 tasses (750 ml) de
bouillon de légumes

2 œufs battus

1 c. à soupe (15 ml)
d'herbes salées[•]

½ tasse (125 ml) de pois
frais ou congelés

Tamari[•] et germinations

Faites votre bouillon de légumes (*p. 117*) ou utilisez du bouillon en poudre sans sel.

Porter le bouillon à ébullition, ajouter les œufs battus, brasser 2 à 3 tours. Ajouter les pois, les herbes salées, le tamari. Fermer le feu et laisser reposer 15 minutes.

Servir garni de germinations.

POTAGE PRINTANIER

3 à 4 tasses (750 ml–1 litre)
d'eau purifiée

1 poivron rouge

1 poivron vert

2 concombres

3 gousse d'ail

4 échalotes

1 oignon

3 branches de céleri (avec feuilles)

2 c. à thé (10 ml)
d'herbes salées[•]

2 c. à soupe de
paprika hongrois doux

Garniture :

2 œufs cuits dur

1 tasse (250 ml) de germinations

Couper en morceaux la moitié des légumes et les ajouter à 2 tasses (500 ml) d'eau pour faire votre base de potage. Hacher finement le reste des légumes et incorporer à l'autre mélange. Ajouter les assaisonnements, et de l'eau si nécessaire.

Réfrigérer pendant deux heures au moins ou faire la veille. Garnir avec les germinations et les œufs durs râpés.

MINESTRONE AL PESTO

500 g (2 tasses) de haricots
Romano secs ou 4 tasses de cuits
500 g de haricots verts (2 tasses)
500 g de courgettes
3 pommes de terre
3 tomates moyennes (facultatif)
2 oignons moyens
ou 2 branches de céleri

3 c. à soupe (45 ml) d'huile d'olive
3 c. à soupe (45 ml)
d'herbes salées[•]

Pour le pesto :
3 gousses d'ail
3 à 4 branches de basilic frais
½ tasse (125 ml) d'huile d'olive
100 g de *Soyco*[•] (6 onces)
100 g de noix de pin moulues

Tremper les haricots Romano secs pendant 8 heures dans l'eau froide. Changer l'eau de trempage, remettre de l'eau froide dans la marmite (environ 10 tasses). Chauffer l'eau et les haricots Romano, cuire 30 à 40 minutes avec des fines herbes (sariette, thym). Mettre de côté.

Pendant ce temps... laver et peler les pommes de terre et les couper en dés de 1,25 cm (½ pouce). Les mettre de côté.

Blanchir les tomates et les couper en dés de 1,25 cm (½ pouce). Mettre de côté.

Laver et couper les haricots verts en morceaux de 1,25 cm (½ pouce). Mettre de côté.

Laver et couper les courgettes en demi-lune. Mettre de côté.

Hacher l'oignon ou le céleri en petits dés. Mettre de côté.

Dans le poêlon, mettre 3 c. à soupe (45 ml) d'huile d'olive et sauter chacun des légumes de 3 à 4 minutes. Ajouter les herbes salées. Incorporer ce mélange à la marmite de fèves Romano et cuire 15 à 20 minutes.

Méthode pour faire le pesto :

Mettre au robot les gousses d'ail pelées, les feuilles de basilic, l'huile d'olive, le *Soyco* et/ou les noix de pin. Bien mélanger.

Quand votre minestrone est prête, la verser dans l'assiette et ajouter 1 c. à thé de pesto. Rectifier l'assaisonnement s'il y a lieu.

Cette soupe repas est délicieuse et très nourrissante. L'essayer c'est l'adopter. Vous m'en donnerez des nouvelles!

POTAGE À L'ÉPEAUTRE

1 tasse (250 ml) d'épeautre[•] cuit
1 rabiole ou 1 panais
2 carottes
1 oignon
2 feuilles de bette à carde
hachées finement

2 c. à soupe (30 ml)
d'herbes salées[•]
1 c. à soupe (15 ml)
d'huile de carthame
1 branche d'estragon
ou estragon séché
1 pincée de muscade

Cuisson de l'épeautre :

Mettre 1 tasse (250 ml) d'épeautre lavé et égoutté dans 1 litre d'eau avec 2 branches de céleri et amener à ébullition. Baisser le feu et laisser mijoter pendant 1 heure.

Pour faire le potage :

Couper les légumes en gros morceaux et les faire revenir dans un poêlon 5 minutes avec l'huile de carthame. Ceci fait ressortir le goût sucré des légumes et leur donne plus de saveur.

Ajouter l'épeautre cuit, et poursuivre la cuisson 15 minutes. Assaisonner et retirer du feu. Passer au mélangeur pour le mettre en potage. Attention : quand on met du chaud au mélangeur, il faut recouvrir le couvercle d'un linge dans le but d'éviter un débordement capable de provoquer des brûlures.

Quand tout est prêt, on peut garnir de bette à carde hachée finement. Ce potage est très soutenant.

VELOUTÉ À LA COURGE

4 tasses (1 litre) de courge « buttercup » coupée
4 ½ tasse (1,25 litre) de bouillon de légumes
½ tasse (125 ml) de quinoa[•]
1 oignon moyen coupé
1 c. à soupe d'herbes salées[•]
1 pincée de muscade moulue

Placer tous les ingrédients dans une marmite et laisser mijoter de 20 à 25 minutes. Passer le tout au mélangeur jusqu'à consistance crémeuse. Rectifier l'assaisonnement si nécessaire et servir décoré de persil.

BOUILLON DE LÉGUMES

3 branches de céleri hachées avec les feuilles

3 carottes coupées en rondelles

3 gros oignons hachés

2 grosses tiges de brocoli hachées grossièrement

1 gousse d'ail émincée

2 c. à soupe (30 ml) d'herbes salées[•]

Mettre tous les légumes dans un gros chaudron. Couvrir d'eau. Porter doucement à ébullition à feu moyen en écumant. Quand le liquide commence à bouillir, ajouter les herbes salées. Couvrir à demi et laisser mijoter une heure sans mélanger.

Filtrer le bouillon dans un récipient en appuyant sur les légumes afin d'en recueillir tous les sucs. Jeter les légumes. Laisser tiédir et réfrigérer.

Couvert hermétiquement, le bouillon se conserve jusqu'à une semaine au réfrigérateur et jusqu'à six mois au congélateur.

✌ Vous pouvez aussi utiliser le bouillon en poudre déshydraté sans sel qui se vend dans les magasins d'aliments naturels.

LES PLATS PRINCIPAUX

TABOULIN

2 tasses (500 ml) de sarrasin[•]
cuit et refroidi

2 échalotes tranchées

2 concombres coupés en
petits dés de 75 mm (¼ de pouce)

1 tasse (250 ml) de persil
haché finement

¼ tasse (60 ml) d'huile d'olive

¼ tasse (60 ml) de jus de citron

½ tasse (125 ml) de menthe
fraîche ou 2 c. à soupe (30 ml)
de menthe séchée

3 gousses d'ail

½ c. à thé (2 ml) de sel

½ tasse (125 ml) d'olives noires
dénoyautées, coupées en rondelles

Mélanger tous les ingrédients dans un grand bol, laisser reposer 1 à 2 heures. Décorer de feuilles de menthe. Servir sur un nid de laitue.

SALADE DE SPIRALES DE QUINOA

2 tasses (500 ml) de spirales
de quinoa[•]

2 tasses (500 ml) de
carottes rapées

⅔ tasse (180 ml) de pois frais
écossés ou congelés

4 branches de céleri en petits dés

1 gros oignon haché

2 c. à soupe (30 ml) de shoyu[•]

2 c. à soupe (30 ml) de
jus de citron

1 c. à thé (5 ml) de
raifort en poudre

1 c. à thé de basilic

3 gousse d'ail

3 cubes de tofu[•] mou

Cuire les spirales dans une grande marmite d'eau. Égoutter et rincer à l'eau froide jusqu'à ce que les spirales soient refroidies.

Mélanger les pâtes, les carottes, les pois, le céleri, les oignons.

À part, dans un mélangeur, faites une vinaigrette avec le tofu, le jus de citron, le shoyu, l'ail, le raifort et le basilic.

Incorporer au mélange de spirales. Bien mélanger et réfrigérer.

☞ Très bon froid, à apporter comme lunch.

Assiette de fèves mung germées

2 branches de céleri
tranchées en biseaux

1 oignon coupé en dés

1 gousse d'ail émincée

½ tasse de tamari[•]

1 tasse de légumes (brocoli,
carotte, etc.) coupés en
dés de 1,25 cm (½ pouce)

1 tasse de fèves mung germées

1 c. à thé de gingembre râpé

Faire revenir les légumes dans une poêle quelques minutes avec les assaisonnements et laisser mijoter environ 3 minutes. Retirer du feu. Verser le tout dans un plat de service, ajouter les fèves mung germées et bien mélanger.

J'aime beaucoup ce plat avec les petits pains musicaux (*p. 126*).

   ✄   On peut remplacer les fèves mung germées par des lentilles germées.

Escalope de millet

¾ tasse (180 ml) de millet
rincé sous l'eau

1 ½ tasse (375 ml) d'eau

1 gousse d'ail écrasée

1 oignon haché très fin

3 œufs

3 c. à soupe (45 ml) de tahini[•]

3 c. à soupe (45 ml) de tamari[•]

1 c. à thé(5 ml) de cumin

½ c. à thé (2 ml) de
piment de Jamaïque

½ c. à thé (2 ml) de thym

Sel ou herbes salées[•]

Faire bouillir l'eau et ajouter le millet, baisser le feu et cuire 20 minutes. Lorsque le millet est cuit, le mettre dans un grand bol et y ajouter tous les autres ingrédients. Bien mélanger.

Dans une poêle à revêtement antiadhésif légèrement huilée, faire cuire les escalopes en les laissant tomber à la cuillère. Aplatir et façonner pour obtenir de petites croquettes. Cuire à feu moyen 2 minutes de chaque coté.

Ce met est délicieux lorsqu'il est servi avec des légumes cuits : carotte, brocoli. Succès assuré.

   ☞   Servir avec la sauce béchamel au paprika (*p. 110*).

PÂTÉ AUX BETTERAVES

½ tasse (125 ml) de graines de
tournesol moulues
¾ tasse (180 ml) de farine de maïs
2 oignons hachés
4 c. à soupe (60 ml) de tamari[•]
⅓ tasse (90 ml) d'huile de
carthame ou autre

½ tasse (125 ml) d'eau chaude
1 c. à thé (5 ml) d'herbes salées[•]
2 betteraves crues rapées fin
2 c. à soupe (30 ml) de
jus de citron

Mélanger tous les ingrédients : la consistance doit ressembler à celle de la pâte à muffin. Verser dans un moule huilé possédant un couvercle et d'environ 20 cm (8 pouces) de diamètre et couvrir. Pour obtenir une cuisson plus rapide, distribuer le mélange dans des petits contenants.

Cuire au four à 350 °F (180 °C) pendant une heure au maximum, jusqu'à ce qu'un cure-dent en ressorte sec. Servir chaud ou froid. Peut se congeler.

    ☞   Ce pâté aux betteraves est un vrai délice, l'essayer c'est l'adopter ! Excellent avec le pistou au tofu (*p. 127*) ou la sauce moutarde (*p. 109*).

TEMPEH À L'UMÉBOSHE

240 g de tempeh[•] coupé
en cubes de 1,25 cm (½ pouce)
3 tasses (750 ml) d'eau
et ¾ tasse (180 ml) de tamari[•]

Légumes :

1 oignon coupé en cubes
de 2,5 cm (1 pouce)
4 carottes coupées en biseaux
2 branches de céleri
coupées en biseaux
1 poivron rouge coupé
en cubes de 2,5 cm (1 pouce)

1 poivron vert coupé
en cubes de 2,5 cm (1 pouce)
1 poivron jaune coupé
en cubes de 2,5 cm (1 pouce)
2 tiges de brocoli pelées et coupées en biseau (mettre de côté les
fleurettes et les couper en deux)

Autres :

2 c. à soupe (30 ml) d'huile
de carthame
2 c. à soupe (30 ml) de kuzu[•]
2 c. à soupe de pâte d'uméboshe[•]

Mariner le tempeh pendant au moins une heure dans le mélange d'eau et de tamari. L'égoutter et le cuire au four à 450 °F (230 °C) pendant 20 minutes.

Pendant ce temps vous préparez vos légumes pour la cuisson au wok[•]. Placer tous les légumes coupés dans des plats séparés. Bien les laver même s'ils sont biologiques... les mains du monde ne le sont pas !

Chauffer le wok et ajouter 2 c. à soupe (30 ml) d'huile de carthame. Gardez-vous ½ tasse (125 ml) d'eau chaude près du wok pour sauter vos légumes.

Sauter puis mettre de côté les oignons en premier, puis les carottes. Faire ensuite de même avec le céleri et les tiges de brocoli, puis avec les poivrons et enfin avec les fleurettes de brocoli. Cuire chaque légume pas plus de 2 minutes car il est important de les garder croquants.

Dans le wok, mettre 2 tasses (500 ml) de la marinade de tempeh. Ajouter 2 c. à soupe (30 ml) de kuzu, qu'il est très important de délayer d'abord dans ¼ tasse (60 ml) d'eau froide. Ajouter 2 c. à soupe de pâte d'uméboshe et brasser avec un fouet 2 à 3 minutes pour épaissir.

Remettre tous les légumes et le tempeh dans le wok. Remuer doucement pour bien mélanger le tout. Décorer de persil frais haché ou d'amandes blanches.

BROCOLI AU GOMASHIO

1 brocoli coupé en 8 morceaux
2 à 4 c. à soupe (30 à 60 ml) de gomashio (*Voir p. 112*)

Déposer les morceaux de brocoli dans une marguerite et cuire à la vapeur de 3 à 4 minutes. Ne pas lever le couvercle durant la cuisson pour garder la jolie couleur du brocoli. Retirer du feu et saupoudrer de gomashio.

☞   Vous pouvez aussi napper de sauce à la courge (*p. 109*).

FETTUCINI AVOCADO

2 avocats

2 œufs cuits dur
hachés grossièrement

2 tasses(500 ml) de lait de soya

2 c. à soupe (15 ml) d'huile
de carthame

2 c. à soupe (15 ml) de
farine d'épeautre[•]

1 c. à thé (5 ml) de
moutarde en poudre

¼ tasse (60 ml) de ciboulette
hachée finement

1 c. à thé (5 ml) de sel

1 c. à thé (5 ml) de poudre de cari

Mettre au mélangeur le lait, l'avocat et les assaisonnements. Brasser jusqu'à consistance onctueuse (environ 1 ½ minute).

Faire revenir la farine dans l'huile et cuire 2 minutes. Ne pas brunir. Prendre le mélange d'avocat et l'ajouter à la farine et l'huile en brassant constamment jusqu'à consistance d'une belle sauce. Ajouter les œufs et la ciboulette.

Servez sur des pâtes à l'épeautre[•], nouilles Soba ou spaghettis de maïs. Le vert tendre de cette sauce est un vrai régal visuel!

POMMES DE TERRE MOUSSELINE
AUX POIS VERTS CASSÉS

1 tasse (250 ml) de pois cassés
verts, lavés et égouttés

1 livre (500 g) de pommes de
terre coupées en deux

1 gousse d'ail

1 c. à soupe (15 ml) d'huile d'olive

1 c. à soupe (15 ml)
d'herbes salées[•]

¼ tasse (60 ml) de basilic frais ou
1 c. à thé (5 ml) de basilic séché

4 tasses (1 litre) d'eau

Mettre l'eau, l'ail, les pois et les pommes de terre dans une casserole de grandeur moyenne. Amener à ébullition, couvrir et laisser mijoter à feu doux pendant 45 minutes ou jusqu'à ce que les pois soient tendres. Vérifier la cuisson de temps à autre au cas où il y aurait besoin de plus d'eau.

Ajouter le basilic et les herbes salées. Réduire en purée au robot, au mélangeur ou à la main. Goûter avant de servir pour ajuster l'assaisonnement.

La combinaison pomme de terre et pois verts, donne une purée mousseline particulièrement riche et nourrissante. Savourez-la avec une jolie salade verte.

POMMES DE TERRE VAPEUR À LA SAUCE MOUTARDE

1 livre (500 g) de pommes de terre
Herbamare[•]
Persil

Cuire les pommes de terre à la marguerite 20 minutes. Prendre des pommes de terre petites et de même grosseur; si elles sont plus grosses, coupez-les en deux.

Les saupoudrer d'*Herbamare* et napper de sauce moutarde (*p. 109*).

RIZ À L'AUBERGINE

1 tasse (250 ml) de riz brun

1 c. à soupe (15 ml) d'huile de carthame

1 aubergine coupée en cubes de 1,25 cm (½ pouce)

1 oignon haché

2 gousses d'ail émincées

3 tomates blanchies et coupées en gros cubes

⅛ c. à thé de cayenne

Herbamare[•] au goût

Laver et égoutter le riz et le mettre dans deux fois son volume d'eau. Le cuire 35 minutes environ puis le mettre de côté.

Plonger les tomates une minute dans l'eau bouillante, puis dans l'eau froide pour enlever la pelure. Mettre de côté.

Dans un grand poêlon, ajouter l'huile et sauter l'aubergine environ 10 minutes. Ajouter l'oignon et l'ail, cuire encore quelques minutes. Ajouter les morceaux de tomates, couvrir et laisser mijoter quelques minutes pour attendrir l'aubergine. Ajouter le riz et les assaisonnements. Servir.

Ce que j'aime de cette préparation c'est qu'elle est aussi délicieuse froide que chaude. Alors pour le lunch, c'est ti-guy-dou!

VÉGÉPÂTÉ

1 ¼ tasse (375 ml) de
farine d'épeautre[•]

¾ tasse (200 ml) de graines
de tournesol moulues

2 c. à soupe (30 ml) de
jus de citron

⅓ tasse (75 ml) d'huile de
carthame ou de tournesol

2 gousses d'ail

2 oignons

1 carotte

1 branche de céléri

1 pomme de terre

4 c. à soupe (60 ml) de shoyu[•]

1 c. à thé (5 ml) de basilic

½ c. à thé (2 ml) de thym

½ c. à thé (2 ml) de cumin moulu

¾ tasse (200 ml) à 1 tasse
(250 ml) d'eau chaude

Hacher finement au robot l'ail, les oignons, la carotte, le céleri, la pomme de terre. Ajouter tous les autres ingrédients et bien mélanger. Verser dans un moule huilé et cuire au four à 350°F (180°C) pendant 45 minutes. Refroidir et démouler.

LES À-CÔTÉS UTILES

OIGNONS BIO À LA VAPEUR

Cuire à la vapeur, une vingtaine de minutes, 3 ou 4 oignons moyens avec leur peau. Les peler et les assaisonner avec du persil et du paprika.

CHOUCROUTE ET CONCOMBRE MINUTE

¼ de chou haché finement

3 petits concombres coupés en cube de 75 mm (¼ de pouce)

2 c. à soupe (30 ml) de pâte uméboshe[•]

2 c. à soupe (30 ml) d'eau

Mettre dans un grand bol la pâte uméboshe et l'eau. Mélanger et ajouter le chou haché, et les concombres. Mélanger le tout. Laisser reposer 2 heures à la température de la pièce.

Cette choucroute est délicieuse et se conserve plusieurs jours au réfrigérateur grâce à la pâte uméboshe.

PÂTÉ AU TEMPEH

224 g (8 onces) de tempeh[•]

2 c. à soupe (30 ml) de mayonnaise au cari

¼ tasse (60 ml) de céleri haché finement

¼ tasse (60 ml) d'oignons hachés finement

2 c. à soupe (30 ml) de persil haché finement

¼ de c. à thé de cayenne

1 c. à thé (5 ml) d'ombrelle d'aneth

2 c. à soupe de shoyu[•]

1 c. à soupe (15 ml) d'huile de carthame

Couper le tempeh en cubes de 2,5 cm (1 pouce) et le faire cuire à la vapeur 15 minutes. Ensuite le sauter dans l'huile 5 minutes. Retirer et mettre dans un bol. Le piler avec une fourchette ou le passer au robot 1 minute. Ajouter les autres ingrédients. Ce mélange doit ressembler à une salade de poulet.

Vos amis penseront que ce pâté est une salade de poulet. Servir à la température de la pièce comme tartinade ou en sandwich.

Petits pains musicaux à l'épeautre

1 tasse (250 ml) de son d'avoine
1 tasse (250 ml) de farine d'épeautre[•]
½ tasse (125 ml) d'huile

½ tasse (125 ml) d'eau
1 c. à thé (5 ml) de poudre à pâte
2 c. à thé (10 ml) d'herbes salées[•]

Dans un bol, mélanger le son d'avoine, la farine d'épeautre et la poudre à pâte. Mélanger l'eau, l'huile et les herbes salées, les incorporer au mélange de farine, obtenant une pâte plutôt épaisse.

Avec une grande cuillère, laisser tomber les pains dans un poêlon à revêtement antiadhésif, bien cuire environ 10 minutes de chaque coté. S'ils ne sont pas assez cuits, les pains seront plus indigestes.

Moi, je préfère étendre la pâte à la grandeur de la poêle, la cuire des deux cotés et la briser comme des craquelins.

Ces pains cuits à la poêle ressemblent un peu à des biscuits ou des grandes galettes. On les sert au déjeuner ou au dîner, aussi bien que comme collation. On les appelle mucicaux car ils vous donnent le goût de chanter. Do – Ré – Mi !

Pain à l'ail au kamut

Écraser 2 gousses d'ail dans ¼ tasse (60 ml) d'huile d'olive de première pression à froid. Étendre sur 3 tranches de pain kamut[•]. Griller au four à 350 °F (175 °C), 5 minutes de chaque côté.

Betteraves dorées

Cuire les jolies betteraves à la vapeur 10 minutes. Enlever les pédoncules, trancher et napper de la sauce moutarde ou de la sauce à la courge (*p. 109*). Parsemer de persil.

Salade « dépanneur »

Utiliser des légumineuses mélangées en conserve, ajouter céleri haché, échalote tranchée, poivron en petits cubes, carotte rapée et olives noires. Assaisonner d'huile et de fines herbes ou d'une vinaigrette à votre goût.

✵ Voilà un *Fast Food* santé ! Remplacez aussi souvent que possible les conserves par des germinations (meilleure valeur nutritive et se digèrent plus facilement).

PISTOU AU TOFU

1 boîte de tofu[•] mou	½ tasse (125 ml) d'huile d'olive
1 tasse (250 ml) de noix d'acajou en morceaux	10 à 15 feuilles de basilic frais
	1 c. à thé d'herbes salées[•]

Mettre tous les ingrédients dans un mélangeur, fouetter jusqu'à consistance lisse et crémeuse.

☞ Servir avec le pâté aux betteraves (*p. 120*), sur des légumes cuits croquants ou comme trempette avec des crudités. Le pistou au tofu est également délicieux avec des pâtes à l'épeautre[•] ou au maïs.

POUDDING MOKA INSTANTANÉ

1 tasse (250 ml) de lait de soya au caroube[•]
1 c. à thé (5 ml) de gomme de guar[•]
1 c. à thé de breuvage aux herbes[•]

Mettre le lait de soya au mélangeur et le mettre en marche. Pendant que ça tourne, ajouter la gomme de guar. Fouetter jusqu'à ce que le lait ait la consistance d'un poudding. On peut le manger tout de suite ou le mettre au réfrigérateur.

☞ Pour un poudding plus léger, ajouter un blanc d'œuf battu pour chaque tasse de liquide.

✌ Pour varier : lait de soya à la vanille, avec 1 c. à thé de vanille et 1 c. à thé de gomme de guar.

POUDDING À L'AVOCAT

2 tasses (500 ml) de lait de soya à la vanille
2 avocats pelés
2 c. à thé (10 ml) de gomme de guar[•]
1 c. à thé de vanille

Mettre le lait de soya au mélangeur. Mettre en marche et ajouter la gomme de guar, ceci dans le but d'éviter les grumeaux. Ajouter ensuite les avocats et la vanille. On peut le manger tout de suite ou le régrigérer. Grâce au lait de soya, l'avocat ne noircit pas.

☞ Pour un poudding plus mousseux, ajouter 2 blancs d'œufs battus en neige ferme.

NUTRIBIOTIC
(extrait de pépins de pamplemousse EPP)

La popularité et l'efficacité d'un nouveau produit révolutionnaire, NUTRIBIOTIC, qui n'était pas sur le marché lorsque j'ai écrit mon livre, m'obligent à ouvrir une parenthèse sur le sujet. Ce produit est actuellement très en vogue et très apprécié. La candidose étant de plus en plus à la hausse, les professionnels de la santé se sont lancés en grande pour trouver des méthodes efficaces pour combattre le *Candida albicans*, occasionnant tant de malaises chez leurs patients : des méthodes telles que les fongicides, les vitamines, l'alimentation super stricte, etc. Vue la durée du programme, plusieurs se découragent et abandonnent leurs efforts pour suivre un programme aussi sévère.

Mais voilà qu'un nouveau produit arrive sur le marché et répond à l'attente de tous. L'extrait de pépins de pamplemousse commercialisé sous le nom de NUTRIBIOTIC.

Le NUTRIBIOTIC est un antibiotique naturel, un antiseptique, un bactéricide, un germicide et un fongicide. Il aide à combattre tous les genres de parasites, sans aucun effet secondaire et sans danger pour l'environnement. Il est hypoallergène, donc même les personnes hypersensibles peuvent l'utiliser sans être incommodées.

Lorsqu'une personne atteinte de candidose prend du NUTRIBIOTIC, elle écourte la durée du traitement parce que tout en éliminant le Candida, NUTRIBIOTIC renforce le système immunitaire et refait la flore microbienne et cela sans avoir à suivre un régime alimentaire aussi drastique. J'aimerais souligner qu'il faut quand même éviter certains aliments et suivre les recommandations de votre praticien de la santé.

NUTRIBIOTIC se vend au Canada depuis deux ans et au Québec depuis un an. NUTRIBIOTIC est disponible en capsules et en liquide. Il peut être utilisé par voie interne contre la fièvre des foins, les allergies, le *Candida albicans,* la diarrhée et tout dérangement digestif causé par une infestation microbienne, virus, bactérie ou champignon. On peut aussi s'en servir localement pour les vaginites, les infections de la gorge, des gencives, les sinusites, les otites, le pied d'athlète, les problèmes de peau, l'acné, les verrues, etc.

NUTRIBIOTIC comprend aussi une gamme de produits d'hygiène corporelle et domestique.

Joelle Jay, N.D.